工会工作
基础知识手册

GONGHUI GONGZUO
JICHU ZHISHI SHOUCE

法律出版社
LAW PRESS·CHINA
北京

图书在版编目(CIP)数据

工会工作基础知识手册 / 法律出版社法规中心编. -- 北京：法律出版社, 2023(2026.1 重印).
ISBN 978 - 7 - 5197 - 8431 - 7

Ⅰ. ①工… Ⅱ. ①法… Ⅲ. ①工会工作 – 中国 – 手册 Ⅳ. ①D412.6 - 62

中国国家版本馆 CIP 数据核字(2023)第 189969 号

工会工作基础知识手册
GONGHUI GONGZUO JICHU ZHISHI SHOUCE

法律出版社法规中心 编

责任编辑 翁潇潇
装帧设计 李 瞻

出版发行 法律出版社
编辑统筹 法规出版分社
责任校对 冯高琼
责任印制 耿润瑜
经　　销 新华书店

开本 A5
印张 7.625　**字数** 172 千
版本 2023 年 11 月第 1 版
印次 2026 年 1 月第 4 次印刷
印刷 固安华明印业有限公司

地址:北京市丰台区莲花池西里 7 号(100073)
网址:www.lawpress.com.cn
投稿邮箱:info@lawpress.com.cn
举报盗版邮箱:jbwq@lawpress.com.cn
销售电话:010 - 83938349
客服电话:010 - 83938350
咨询电话:010 - 63939796

书号:ISBN 978 - 7 - 5197 - 8431 - 7　**定价**:29.00 元
凡购买本社图书,如有印装错误,我社负责退换。电话:010 - 83938349

目录

附录

一、工会的性质和职责

1 工会的性质

中国工会是中国共产党领导的职工自愿结合的工人阶级群众组织，是党联系职工群众的桥梁和纽带，是国家政权的重要社会支柱，是会员和职工利益的代表。

中国工会以《宪法》为根本活动准则，按照《工会法》和《中国工会章程》独立自主地开展工作，依法行使权利和履行义务。

2 工会的使命

工人阶级是我国的领导阶级，是先进生产力和生产关系的代表，是中国共产党最坚实最可靠的阶级基础，是改革开放和社会主义现代化建设的主力军，是维护社会安定的强大而集中的社会力量。中国工会高举中国特色社会主义伟大旗帜，坚持马克思列宁主义、毛泽东思想、邓小平理论、“三个代表”重要思想、科学发展观，全面贯彻习近平新时代中国特色社会主义思想，贯彻执行党的以经济建设为中心，坚持四项基本原则，坚持改革开放的基本路线，保持和增强政治性、先进性、群众性，坚定不移地走中国特色社会主义工会发展道路，推动党的全心全意依靠工人阶级的根本指导方针的贯彻落实，全面履行工会的社会职能，在维护全国人民总体利益的同时，更好地表达和维护职工的具体利益，团结和动员全国职工自力更生、艰苦创业，坚持和发展中国特色社会主义，为全面建成社会主义现代化强国、实现第二个百年奋斗目标，以中国式现代化全面推进中华民族伟大复兴而奋斗。

3 工会的活动准则

工会必须遵守和维护《宪法》，以《宪法》为根本的活动准则，以经济建设为中心，坚持社会主义道路，坚持人民民主专政，坚持中国共产党的领导，坚持马克思列宁主义、毛泽东思想、邓小平理论、“三个代表”重要思想、科学发展观、习近平新时代中国特色社会主义思想，坚持改革开放，保持和增强政治性、先进性、群众性，依照工会章程独立自主地开展工作。

工会会员全国代表大会制定或者修改《中国工会章程》，章程不得与《宪法》和法律相抵触。

国家保护工会的合法权益不受侵犯。

4 工会行使职权的依据

工会组织和教育职工依照《宪法》和法律的规定行使民主权利，发挥国家主人翁的作用，通过各种途径和形式，参与管理国家事务、管理经济和文化事业、管理社会事务；协助人民政府开展工作，维护工人阶级领导的、以工农联盟为基础的人民民主专政的社会主义国家政权。

5 工会的基本职责

维护职工合法权益、竭诚服务职工群众是工会的基本职责。工会在维护全国人民总体利益的同时,代表和维护职工的合法权益。

工会通过平等协商和集体合同制度等,推动健全劳动关系协调机制,维护职工劳动权益,构建和谐劳动关系。

工会依照法律规定通过职工代表大会或者其他形式,组织职工参与本单位的民主选举、民主协商、民主决策、民主管理和民主监督。

工会建立联系广泛、服务职工的工会工作体系,密切联系职工,听取和反映职工的意见和要求,关心职工的生活,帮助职工解决困难,全心全意为职工服务。

工会动员和组织职工积极参加经济建设,努力完成生产任务和工作任务。教育职工不断提高思想道德、技术业务和科学文化素质,建设有理想、有道德、有文化、有纪律的职工队伍。

6 劳动者参加和组织工会的权利

在中国境内的企业、事业单位、机关、社会组织(以下统称用人单位)中以工资收入为主要生活来源的劳动者,不分民族、种族、性别、职业、宗教信仰、教育程度,都有依法参加和组织工会的权利。任何组织和个人不得阻挠和限制。工会适应企业组织形式、职工队伍结构、劳动关系、就业形态等方面的发展变化，依法维护劳动者参加和组织工会的权利。

7 产业工人入会

中国工会推动产业工人队伍建设改革，强化产业工人思想政治引领，提高产业工人队伍整体素质，发挥产业工人骨干作用，维护产业工人合法权益，保障产业工人主人翁地位，造就一支有理想守信念、懂技术会创新、敢担当讲奉献的宏大产业工人队伍。

8 中国工会的对外交往

中国工会在国际事务中坚持独立自主、互相尊重、求同存异、加强合作、增进友谊的方针，在独立、平等、互相尊重、互不干涉内部事务的原则基础上，广泛建立和发展同国际和各国工会组织的友好关系，积极参与“一带一路”建设，增进我国工人阶级同各国工人阶级的友谊，同全世界工人和工会一起，在推动构建人类命运共同体中发挥作用，为世界的和平、发展、合作、工人权益和社会进步而共同努力。

二、工会组织

中国工会实行民主集中制，上级工会组织领导下级工会组织。

(一)组织制度

1 民主集中制原则

中国工会实行民主集中制，主要内容是：

(1)个人服从组织，少数服从多数，下级组织服从上级组织。

(2)工会的各级领导机关，除它们派出的代表机关外，都由民主选举产生。

(3)工会的最高领导机关，是工会的全国代表大会和它所产生的中华全国总工会执行委员会。工会的地方各级领导机关，是工会的地方各级代表大会和它所产生的总工会委员会。

(4)工会各级委员会，向同级会员大会或者会员代表大会负责并报告工作，接受会员监督。会员大会和会员代表大会有权撤换或者罢免其所选举的代表和工会委员会组成人员。

(5)工会各级委员会,实行集体领导和分工负责相结合的制度。凡属重大问题由委员会民主讨论,作出决定,委员会成员根据集体的决定和分工,履行自己的职责。

(6)工会各级领导机关,加强对下级组织的领导和服务,经常向下级组织通报情况,听取下级组织和会员的意见,研究和解决他们提出的问题。下级组织应及时向上级组织请示报告工作。

2 工会各级组织的建立原则

工会各级组织按照民主集中制原则建立。工会各级代表大会的代表和委员会的产生,要充分体现选举人的意志。候选人名单,要反复酝酿,充分讨论。选举采用无记名投票方式,可以直接采用候选人数多于应选人数的差额选举办法进行正式选举,也可以先采用差额选举办法进行预选,产生候选人名单,然后进行正式选举。任何组织和个人,不得以任何方式强迫选举人选举或不选举某个人。

3 产业和地方相结合的组织领导原则

中国工会实行产业和地方相结合的组织领导原则。同一企业、事业单位、机关、社会组织中的会员,组织在一个基层工会组织中;同一行业或者性质相近的几个行业,根据需要建立全国的或者地方的产业工会组织。除少数行政管理体制实行垂直管理的产业,其产业工会实行产业工会和地方工会双重领导,以产业工会领导为主外,其他产业工会均实行以地方工会领导为主,同时接受上级产业工会领导的体制。各产业工会的领导体制,由中华全国总工会确定。

省、自治区、直辖市,设区的市和自治州,县(旗)、自治县、不设区的市建立地方总工会。地方总工会是当地地方工会组织和产业工会地方组织的领导机关。全国建立统一的中华全国总工会。中华全国总工会是各级地方总工会和各产业工会全国组织的领导机关。

中华全国总工会执行委员会委员和产业工会全国委员会委员实行替补制,各级地方总工会委员会委员和地方产业工会委员会委员,也可以实行替补制。

4 经费审查委员会

(1)各级工会代表大会选举产生同级经费审查委员会。中华全国总工会经费审查委员会设常务委员会,省、自治区、直辖市总工会经费审查委员会和独立管理经费的全国产业工会经费审查委员会,应当设常务委员会。经费审查委员会负责审查同级工会组织及其直属企业、事业单位的经费收支和资产管理情况,监督财经法纪的贯彻执行和工会经费的使用,并接受上级工会经费审查委员会的指导和监督。工会经费审查委员会向同级会员大会或会员代表大会负责并报告工作;在大会闭会期间,向同级工会委员会负责并报告工作。

(2)上级经费审查委员会应当对下一级工会及其直属企业、事业单位的经费收支和资产管理情况进行审查。

(3)中华全国总工会经费审查委员会委员实行替补制,各级地方总工会经费审查委员会委员和独立管理经费的产业工会经费审查委员会委员,也可以实行替补制。

5 女职工委员会

各级工会建立女职工委员会,表达和维护女职工的合法权益。女职工委员会由同级工会委员会提名,在充分协商的基础上组成或者选举产生,女职工委员会与工会委员会同时建立,在同级工会委员会领导下开展工作。企业工会女职工委员会是县或者县以上妇联的团体会员,通过县以上地方工会接受妇联的业务指导。

6 委员会产生办法

各级工会委员会由会员大会或者会员代表大会民主选举产生。企业主要负责人的近亲属不得作为本企业基层工会委员会成员的人选。

各级工会委员会向同级会员大会或者会员代表大会负责并报告工作,接受其监督。

工会会员大会或者会员代表大会有权撤换或者罢免其所选举的代表或者工会委员会组成人员。

7 各级工会组织的建立

(1)用人单位有会员 25 人以上的,应当建立基层工会委员会;不足 25 人的,可以单独建立基层工会委员会,也可以由 2 个以上单位的会员联合建立基层工会委员会，也可以选举组织员1人，组织会员开展活动。女职工人数较多的，可以建立工会女职工委员会，在同级工会领导下开展工作；女职工人数较少的，可以在工会委员会中设女职工委员。

企业职工较多的乡镇、城市街道，可以建立基层工会的联合会。

县级以上地方建立地方各级总工会。

同一行业或者性质相近的几个行业，可以根据需要建立全国的或者地方的产业工会。

全国建立统一的中华全国总工会。

(2)基层工会、地方各级总工会、全国或者地方产业工会组织的建立，必须报上一级工会批准。

上级工会可以派员帮助和指导企业职工组建工会，任何单位和个人不得阻挠。

8 工会组织的撤销及合并

任何组织和个人不得随意撤销、合并工会组织。撤销工会组织，必须经会员大会或者会员代表大会通过，并报上一级工会批准。基层工会组织所在的企业终止，或者所在的事业单位、机关、社会组织被撤销，该工会组织相应撤销，并报上级工会备案。其他组织和个人不得随意撤销工会组织，也不得把工会组织的机构撤销、合并或者归属其他工作部门。

基层工会所在的用人单位终止或者被撤销，该工会组织相应撤销，并报告上一级工会。

因基层工会所在的用人单位终止或者被撤销而被撤销的工会，其会员的会籍可以继续保留，具体管理办法由中华全国总工会制定。

9 法人资格

中华全国总工会、地方总工会、产业工会具有社会团体法人资格。

基层工会组织具备《民法典》规定的法人条件的，依法取得社会团体法人资格。

10 基层工会委员会

(1)基层工会委员会每届任期 3 年或者 5 年。各级地方总工会委员会和产业工会委员会每届任期 5 年。

(2)基层工会委员会定期召开会员大会或者会员代表大会，讨论决定工会工作的重大问题。经基层工会委员会或者 1/3 以上的工会会员提议，可以临时召开会员大会或者会员代表大会。

(3)基层工会专职主席、副主席或者委员自任职之日起，其劳动合同期限自动延长，延长期限相当于其任职期间；非专职主席、副主席或者委员自任职之日起，其尚未履行的劳动合同期限短于任期的，劳动合同期限自动延长至任期期满。但是，任职期间个人严重过失或者达到法定退休年龄的除外。

11 工会主席

工会主席、副主席任期未满时，不得随意调动其工作。因工作需要调动时，应当征得本级工会委员会和上一级工会的同意。

罢免工会主席、副主席必须召开会员大会或者会员代表大会讨论，非经会员大会全体会员或者会员代表大会全体代表过半数通过，不得罢免。

（二）全国组织

1 全国总工会的主要职责

中华全国总工会及其各工会组织代表职工的利益，依法维护职工的合法权益。

全国总工会是各地方总工会和各产业工会全国组织的领导机关。全国总工会由中共中央书记处领导。其机关主要职责是：

（1）根据党的基本理论、基本路线、基本纲领和工运方针，围绕党和国家工作大局，贯彻执行中国工会全国代表大会和执委会议确定的方针、任务和作出的决议。

（2）依照法律和《中国工会章程》，组织和指导各级工会坚定不移地贯彻落实党的全心全意依靠工人阶级的根本指导方针，进一步突出和履行维护职能。

（3）对有关职工合法权益的重大问题进行调查研究，向党中央和国务院反映职工群众的思想、愿望和要求，提出意见和建议；参与涉及职工切身利益的政策、措施、制度和法律、法规草案的拟定；参与职工重大伤亡事故的调查处理。

(4)负责工会理论政策研究，研究制定工会的组织制度和民主制度，监督检查《中国工会章程》的贯彻执行；研究指导工会自身改革和建设；指导各级工会组织开展以职工代表大会为基本制度的民主选举、民主决策、民主管理和民主监督工作，推动建立平等协商、集体合同制度和监督保证机制的工作。

(5)协助省、自治区、直辖市党委管理省级总工会领导干部，协助中央国家机关有关部委(局)管理全国产业工会的领导干部；监督、检查全国总工会机关和直属单位党员干部党风廉政建设情况；研究制定工会干部的管理制度和培训规划，负责市以上工会和大型企事业单位工会领导干部的培训工作。

(6)协助党中央、国务院做好全国劳模的推荐、评选工作，负责全国劳模的管理工作；负责全国“五一”劳动奖章、奖状获得者的评选表彰和管理工作。

(7)负责工会经费和工会资产的管理、审查、审计工作；研究制定工会兴办职工劳动福利事业的有关制度和规定；负责对工会兴办职工劳动福利事业的指导、协调工作。

(8)负责工会国际联络工作，发展同各国工会的友好关系；负责与我国香港、澳门特别行政区和台湾地区工会的交流工作。

(9)承担党中央、国务院交办的其他事项。

2 中国工会全国代表大会

(1)中国工会全国代表大会，每5年举行1次，由中华全国总工会执行委员会召集。在特殊情况下，由中华全国总工会执行委员会主席团提议，经执行委员会全体会议通过，可以提前或者延期举行。代表名额和代表选举办法由中华全国总工会决定。

（2）中国工会全国代表大会的职权是：①审议和批准中华全国总工会执行委员会的工作报告。②审议和批准中华全国总工会执行委员会的经费收支情况报告和经费审查委员会的工作报告。③修改《中国工会章程》。④选举中华全国总工会执行委员会和经费审查委员会。

3 中华全国总工会执行委员会

（1）中华全国总工会执行委员会，在全国代表大会闭会期间，负责贯彻执行全国代表大会的决议，领导全国工会工作。

执行委员会全体会议选举主席 1 人、副主席若干人、主席团委员若干人，组成主席团。

执行委员会全体会议由主席团召集，每年至少举行 1 次。

（2）中华全国总工会执行委员会全体会议闭会期间，由主席团行使执行委员会的职权。主席团全体会议，由主席召集。

主席团闭会期间，由主席、副主席组成的主席会议行使主席团职权。主席会议由中华全国总工会主席召集并主持。

主席团下设书记处，由主席团在主席团成员中推选第一书记 1 人，书记若干人组成。书记处在主席团领导下，主持中华全国总工会的日常工作。

4 产业工会全国组织

(1)产业工会全国组织的设置,由中华全国总工会根据需要确定。

(2)产业工会全国委员会的建立,经中华全国总工会批准,可以按照联合制、代表制原则组成,也可以由产业工会全国代表大会选举产生。全国委员会每届任期5年。任期届满,应当如期召开会议,进行换届选举。在特殊情况下,经中华全国总工会批准,可以提前或者延期举行。

(3)产业工会全国代表大会和按照联合制、代表制原则组成的产业工会全国委员会全体会议的职权是:审议和批准产业工会全国委员会的工作报告;选举产业工会全国委员会或者产业工会全国委员会常务委员会。

独立管理经费的产业工会,选举经费审查委员会,并向产业工会全国代表大会或者委员会全体会议报告工作。

产业工会全国委员会常务委员会由主席1人、副主席若干人、常务委员若干人组成。

(三)地 方 组 织

1 地方工会代表大会

省、自治区、直辖市,设区的市和自治州,县(旗)、自治县、不设区的市的工会代表大会,由同级总工会委员会召集,每5年举行1次。在特殊情况下,由同级总工会委员会提议,经上一级工

会批准,可以提前或者延期举行。工会的地方各级代表大会的职权是:

(1)审议和批准同级总工会委员会的工作报告。

(2)审议和批准同级总工会委员会的经费收支情况报告和经费审查委员会的工作报告。

(3)选举同级总工会委员会和经费审查委员会。

2 地方总工会委员会

(1)各级地方总工会委员会,在代表大会闭会期间,执行上级工会的决定和同级工会代表大会的决议,领导本地区的工会工作,定期向上级总工会委员会报告工作。

根据工作需要,省、自治区总工会可在地区设派出代表机关。直辖市和设区的市总工会在区一级建立总工会。

县和城市的区可在乡镇和街道建立乡镇工会和街道工会组织,具备条件的,建立总工会。

(2)各级地方总工会委员会选举主席 1 人、副主席若干人、常务委员若干人,组成常务委员会。工会委员会、常务委员会和主席、副主席以及经费审查委员会的选举结果,报上一级总工会批准。

各级地方总工会委员会全体会议,每年至少举行 1 次,由常务委员会召集。各级地方总工会常务委员会,在委员会全体会议闭会期间,行使委员会的职权。

(四)基层组织

1 工会促进企业、事业单位、社会组织的发展

中国工会在企业、事业单位、社会组织中，按照促进企事业和社会组织发展、维护职工权益的原则，支持行政依法行使管理权力，组织职工参与本单位民主选举、民主协商、民主决策、民主管理和民主监督，与行政方面建立协商制度，保障职工的合法权益，调动职工的积极性，促进企业、事业单位、社会组织的发展。

2 企业、事业单位、社会组织工会委员会的工作

(1)国有企业职工代表大会是企业实行民主管理的基本形式，是职工行使民主管理权力的机构，依照法律规定行使职权。

国有企业的工会委员会是职工代表大会的工作机构，负责职工代表大会的日常工作，检查、督促职工代表大会决议的执行。

(2)集体企业的工会委员会，应当支持和组织职工参加民主管理和民主监督，维护职工选举和罢免管理人员、决定经营管理的重大问题的权力。

(3)《工会法》第36条、第37条规定以外的其他企业、事业单位的工会委员会，依照法律规定组织职工采取与企业、事业单位相适应的形式，参与企业、事业单位民主管理。

(4)教育、科研、文化、卫生、体育等事业单位和机关工会，从脑力劳动者比较集中的特点出发开展工作，积极了解和关心职工

的思想、工作和生活，推动党的知识分子政策的贯彻落实。组织职工搞好本单位的民主选举、民主协商、民主决策、民主管理和民主监督，为发挥职工的聪明才智创造良好的条件。

3 工会代表对企业决策的参与

企业、事业单位、社会组织研究经营管理和发展的重大问题应当听取工会的意见；召开会议讨论有关工资、福利、劳动安全卫生、工作时间、休息休假、女职工保护和社会保险等涉及职工切身利益的问题，必须有工会代表参加。

企业、事业单位、社会组织应当支持工会依法开展工作，工会应当支持企业、事业单位、社会组织依法行使经营管理权。

4 基层工会组织的建立

企业、事业单位、机关、社会组织等基层单位，应当依法建立工会组织。社区和行政村可以建立工会组织。从实际出发，建立区域性、行业性工会联合会，推进新经济组织、新社会组织工会组织建设。

有会员 25 人以上的，应当成立基层工会委员会；不足 25 人的，可以单独建立基层工会委员会，也可以由两个以上单位的会员联合建立基层工会委员会，也可以选举组织员或者工会主席一人，主持基层工会工作。基层工会委员会有女会员 10 人以上的建立女职工委员会，不足 10 人的设女职工委员。

职工 200 人以上企业、事业单位、社会组织的工会设专职工会主席。工会专职工作人员的人数由工会与企业、事业单位、社会组织协商确定。

基层工会组织具备《民法典》规定的法人条件的，依法取得社会团体法人资格，工会主席为法定代表人。

5 基层工会委员会

（1）基层工会委员会和经费审查委员会每届任期3年或者5年，具体任期由会员大会或者会员代表大会决定。任期届满，应当如期召开会议，进行换届选举。在特殊情况下，经上一级工会批准，可以提前或者延期举行。

会员代表大会的代表实行常任制，任期与本单位工会委员会相同。

（2）基层工会委员会的委员，应当在会员或者会员代表充分酝酿协商的基础上选举产生；主席、副主席，可以由会员大会或者会员代表大会直接选举产生，也可以由基层工会委员会选举产生。大型企业、事业单位的工会委员会，根据工作需要，经上级工会委员会批准，可以设立常务委员会。基层工会委员会、常务委员会和主席、副主席以及经费审查委员会的选举结果，报上一级工会批准。

（3）基层工会委员会的基本任务是：

①执行会员大会或者会员代表大会的决议和上级工会的决定，主持基层工会的日常工作。

②代表和组织职工依照法律规定，通过职工代表大会、厂务公开和其他形式，参与本单位民主选举、民主协商、民主决策、民

主管理和民主监督，保障职工知情权、参与权、表达权和监督权，在公司制企业落实职工董事、职工监事制度。企业、事业单位工会委员会是职工代表大会工作机构，负责职工代表大会的日常工作，检查、监督职工代表大会决议的执行。

③参与协调劳动关系和调解劳动争议，与企业、事业单位、社会组织行政方面建立协商制度，协商解决涉及职工切身利益问题。帮助和指导职工与企业、事业单位、社会组织行政方面签订和履行劳动合同，代表职工与企业、事业单位、社会组织行政方面签订集体合同或者其他专项协议，并监督执行。

④组织职工开展劳动和技能竞赛、合理化建议、技能培训、技术革新和技术协作等活动，培育工匠、高技能人才，总结推广先进经验。做好劳动模范和先进生产（工作）者的评选、表彰、培养和管理服务工作。

⑤加强对职工的政治引领和思想教育，开展法治宣传教育，重视人文关怀和心理疏导，鼓励支持职工学习文化科学技术和管理知识，开展健康的文化体育活动。推进企业文化职工文化建设，办好工会文化、教育、体育事业。

⑥监督有关法律、法规的贯彻执行。协助和督促行政方面做好工资、安全生产、职业病防治和社会保险等方面的工作，推动落实职工福利待遇。办好职工集体福利事业，改善职工生活，对困难职工开展帮扶。依法参与生产安全事故和职业病危害事故的调查处理。

⑦维护女职工的特殊权益，同歧视、虐待、摧残、迫害女职工的现象作斗争。

⑧搞好工会组织建设，健全民主制度和民主生活。建立和发

展工会积极分子队伍。做好会员的发展、接收、教育和会籍管理工作。加强职工之家建设。

⑨收好、管好、用好工会经费，管理好工会资产和工会的企业、事业。

(4)基层工会委员会根据工作需要，可以在分厂、车间(科室)建立分厂、车间(科室)工会委员会。分厂、车间(科室)工会委员会由分厂、车间(科室)会员大会或者会员代表大会选举产生，任期和基层工会委员会相同。

基层工会委员会和分厂、车间(科室)工会委员会，可以根据需要设若干专门委员会或者专门小组。

按照生产(行政)班组建立工会小组，民主选举工会小组长，积极开展工会小组活动。

6 基层工会组织会员大会和会员代表大会

(1)会员不足100人的基层工会组织，应召开会员大会；会员100人以上的基层工会组织，应召开会员大会或会员代表大会。

(2)会员代表大会是基层工会的最高领导机构，讨论决定基层工会重大事项，选举基层工会领导机构，并对其进行监督。

(3)会员代表大会实行届期制，每届任期3年或5年，具体任期由会员代表大会决定。会员代表大会任期届满，应按期换届。遇有特殊情况，经上一级工会批准，可以提前或延期换届，延期时间一般不超过半年。

(4)基层工会会员大会或者会员代表大会，每年至少召开1次。经基层工会委员会或者1/3以上的工会会员提议，可以临时召开会员大会或者会员代表大会。工会会员在100人以下的基层工会应当召开会员大会。

（5）工会会员大会或者会员代表大会的职权是：①审议和批准基层工会委员会的工作报告。②审议和批准基层工会委员会的经费收支情况报告和经费审查委员会的工作报告。③选举基层工会委员会和经费审查委员会。④撤换或者罢免其所选举的代表或者工会委员会组成人员。⑤讨论决定工会工作的重大问题。

（6）会员代表大会应坚持党的领导，坚持民主集中制，坚持依法规范，坚持公开公正，切实保障会员的知情权、参与权、选举权、监督权。

（7）基层工会召开会员代表大会应向同级党组织和上一级工会报告。换届选举、补选、罢免基层工会委员会组成人员的，应向同级党组织和上一级工会书面报告。

上一级工会对下一级工会召开会员代表大会进行指导和监督。

7 企业工会

企业工会是中华全国总工会的基层组织，是工会的重要组织基础和工作基础，是企业工会会员和职工合法权益的代表者和维护者。

8 企业工会组织的建立

(1)企业工会依法组织职工加入工会,维护职工参加工会的权利。

(2)会员25人以上的企业建立工会委员会;不足25人的可以单独建立工会委员会,也可以由2个以上企业的会员按地域或行业联合建立基层工会委员会。同时按有关规定建立工会经费审查委员会、工会女职工委员会。

(3)企业工会具备法人条件的,依法取得社会团体法人资格,工会主席是法定代表人。

(4)企业工会受法律保护,任何组织和个人不得随意撤销或将工会工作机构合并、归属到其他部门。

(5)企业改制须同时建立健全工会组织。

9 社会组织工会职责

(1)密切联系职工,强化政治引领。组织引导职工学习贯彻习近平新时代中国特色社会主义思想,学习习近平总书记关于工人阶级和工会工作的重要论述,不断增强“四个意识”、坚定“四个自信”、做到“两个维护”,宣传贯彻执行党的路线方针政策,坚定不移听党话、跟党走,始终同以习近平同志为核心的党中央保持高度一致。及时向同级党组织和上级工会请示报告工会重大事项。在已建工会、尚未建立党组织的社会组织,工会要积极配合上级党组织在工会会员中培养发展党员,并发挥好党员模范带头作用,为在社会组织中建立党组织创造条件。

（2）团结凝聚职工，汇集发展力量。加强对职工的思想政治引领，引导职工积极践行社会主义核心价值观，激发职工主人翁意识和工作热情。大力弘扬劳模精神、劳动精神、工匠精神，围绕社会组织中心任务开展劳动和技能竞赛，加强技能培训，提升素质，推动建立健全专业人才培养、评价、使用、激励机制。支持社会组织有序参与社会治理、提供社会服务、承担社会责任。

（3）建立健全机制，维护职工权益。通过以职工代表大会为基本形式的民主管理制度或其他形式，组织职工有序参与社会组织的民主决策、民主管理和民主监督。涉及职工切身利益的重要事项，要及时向职工公开。指导帮助职工与社会组织依法订立和履行劳动合同，规范劳动用工管理。对社会组织贯彻执行有关劳动法律法规和政策实施监督。建立健全集体协商和集体合同制度，探索建立行业性、区域性协商机制，协商解决涉及职工切身利益的重大问题，维护职工合法权益，构建和谐劳动关系。

（4）创新方式方法，竭诚服务职工。坚持以职工需求为导向，利用现代信息技术，组织开展丰富多彩的文化活动，营造积极向上的文化氛围。通过购买服务、项目合作等方式，为职工提供专业化个性化服务。注重对职工的人文关怀和心理疏导，做好送温暖、金秋助学等困难职工帮扶工作，努力提升职工群众的获得感、幸福感、安全感。

10 社会组织工会建立方式

合理确定建会方式。坚持从社会组织特点出发，采取灵活多样的组织形式，扩大工会组织有效覆盖。

(1)按用人单位建立工会组织。本单位有工会会员25人以上的社会组织,应单独建立基层工会委员会;不足25人的,可以单独建立基层工会委员会,也可以由2个以上单位的工会会员联合建立基层工会委员会,也可以选举组织员或工会主席1人主持基层工会工作。

(2)按区域、行业建立工会组织。在社会组织相对集中的街区、园区、楼宇等区域,可以建立区域性工会联合会。行业特征明显、管理体系健全的行业,或依托相关管理部门成立社会组织综合(行业)党委的,可以组建行业性工会联合会。区域性、行业性工会联合会一般在县(市、区、旗)级以下范围内建立。符合条件的,可以在市级探索建立行业性工会联合会。

(3)乡镇(街道)、村(社区)工会应加强本区域社会组织工会建设的领导,广泛吸收职工入会,推动社会组织依法建立工会,切实发挥区域"兜底"作用。

11 事业单位工会

事业单位工会,是指国家为了社会公益目的,由国家机关举办或者其他社会组织利用国有资产举办的,从事教育、科技、文化、卫生、体育等活动的社会服务组织中依法建立的工会组织。

12 事业单位工会组织的建立

(1)事业单位应当依法建立工会组织,组织职工加入工会。会员25人以上的事业单位建立工会委员会;不足25人的可以单独建立工会委员会，也可以由 2 个以上事业单位的会员联合建立工会基层委员会，也可以选举组织员或者工会主席 1 人，主持工会工作。同时按有关规定建立工会经费审查委员会、工会女职工委员会。

（2）会员人数较多的事业单位工会组织，可以根据需要设立专门工作委员会，承担工会委员会的有关工作。事业单位内设机构，可以建立工会分会或工会小组。

（3）事业单位工会具备法人条件的，依法取得社团法人资格，工会主席为法定代表人。

（4）事业单位工会受法律保护，不得随意撤销、合并或归属其他部门。事业单位被撤销，其工会组织相应撤销，并报告上一级工会，已取得社团法人资格的，办理社团法人注销手续。事业单位改革改制，应同时建立健全工会组织和相应机构。

13 机关工会

机关工会，是指党的机关、人大机关、行政机关、政协机关、审判机关、检察机关，各民主党派和工商联的机关，以及使用国家行政编制的人民团体和群众团体机关等依法建立的工会组织。

14 机关工会组织建设

（1）机关单位应当依法建立工会组织。有会员 25 人以上的，应当建立机关工会委员会；不足 25 人的，可以单独建立机关工会委员会，也可以由 2 个以上单位的会员联合建立机关工会委员会,也可以选举工会主席 1 人,主持工会工作。

机关内设部门及机构,可以建立机关工会分会或者工会小组。

会员人数较多的工会组织,可以根据需要设立相应的专门工作委员会,承担工会委员会的有关工作。

(2)机关工会组织按照民主集中制原则建立。工会委员会由会员大会或者会员代表大会民主选举产生,选举结果报上一级工会批准。

机关工会接受同级机关党组织和上级工会双重领导,以同级机关党组织领导为主。

(3)机关工会委员会每届任期 3 年至 5 年,具体任期由会员大会或者会员代表大会决定。

机关工会委员会应当按期换届。因故提前或者延期换届的,应当报上一级工会批准。任期届满未换届的,上级工会有权督促其限期进行换届。

(4)机关工会委员会具备条件的,应当依法申请取得工会法人资格,工会主席或者主持工作的副主席为法定代表人。

(5)各省、自治区、直辖市,设区的市(地)和自治州(盟),县(区、旗)、自治县、不设区的市所属机关,经同级地方工会或者其派出机关批准,成立机关工会委员会或者联合机关工会委员会。

各省、自治区、直辖市,设区的市(地)和自治州(盟),县(区、旗)、自治县、不设区的市,经同级地方工会批准,可以成立地方机关工会联合会,也可以设立地方机关工会工作委员会,领导本级各机关工会委员会或者联合机关工会委员会。

地方机关工会联合会或者地方机关工会工作委员会以同级

地方直属机关党的工作委员会领导为主，同时接受地方工会的领导。

（6）中央直属机关工会联合会、中央国家机关工会联合会的建立，由中华全国总工会批准。中央直属机关工会联合会、中央国家机关工会联合会以中央和国家机关工作委员会领导为主，同时接受中华全国总工会的领导。

中央和国家机关各部委、各人民团体机关，经中央直属机关工会联合会或者中央国家机关工会联合会批准，成立机关工会委员会。

15 机关工会工作职责

机关工会的职责是：

（1）加强对职工进行中国特色社会主义理论体系教育，深入开展党的基本理论、基本路线、基本纲领、基本经验、基本要求教育，培育和践行社会主义核心价值观，不断提高机关职工政治理论、思想道德、科学文化和业务素质水平。

（2）动员组织职工围绕机关中心工作，开展创先争优活动，做好先进工作者的评选、表彰、培养、管理和服务工作。

（3）加强和改进职工思想政治工作，注重人文关怀和心理疏导，开展群众性精神文明创建、文化体育活动，丰富职工精神文化生活，推动机关文化建设。

（4）配合党政机关贯彻落实《公务员法》等法律法规，维护机关职工合法权益，协助党政机关解决涉及职工切身利益的问题。做好困难职工帮扶工作，组织职工参加疗养、休养及健康体检，努力为职工办实事、做好事、解难事，促进和谐机关建设。

(5)加强调查研究，反映机关职工意见和建议，参与机关内部事务民主管理、民主监督，促进机关内部事务公开，保障职工的知情权、参与权、表达权、监督权，推进机关廉政建设。

(6)加强工会组织建设，健全工会民主制度，做好会员的发展、接收、教育和会籍管理工作，加强对专(兼)职工会干部和工会积极分子的培养，深入开展建设职工之家活动。

(7)依法收好、管好、用好工会经费，管理好工会资产。

三、会　　徽

1 会徽

（1）中国工会会徽，选用汉字“中”“工”两字，经艺术造型呈圆形重叠组成，并在两字外加一圆线，象征中国工会和中国工人阶级的团结统一。会徽的制作标准，由中华全国总工会规定。

（2）中国工会会徽是中国工会的象征和标志。工会各级组织和每一名会员，应当尊重和爱护会徽。

2 会徽制作标准

为保持会徽的严肃性，会徽须按中华全国总工会规定的标准制作。

会徽为圆形，直径为20A（A为长度单位）的会徽，“中”“工”两字笔画宽度为1.4A，两字外圆线宽度为0.3A，“工”字与“中”字之间、“中”字与外圆之间的间距为1.25A，“工”字上下半圆形之间的间距为1.5A。会徽底色为红色，艺术字造型及外圆线为金黄色，颜色标准为：红色（C0、M100、Y100、K10）；金黄色（C0、M10、Y100、K0）。

在实际应用中，可根据不同场合需要按规定确定尺寸，但不得改变颜色、比例关系。

3 会徽的使用范围

中国工会会徽的使用范围：

(1)工会办公地点、活动场所、服务阵地；

(2)召开中国工会全国代表大会、执委会议和地方各级工会代表大会、工会委员会全体会议等重要会议，工会重大活动；

(3)各级工会组织颁发的奖状、证书和其他荣誉性文书、证件；

(4)工会报刊和出版物、新媒体文化产品、网站。

除上述情况外，使用会徽及其图案须经县级和县级以上工会组织批准。

会徽可制作成徽章，供工会会员和工会干部佩戴，直径为25毫米。徽章金黄色部分采用“浮雕”手法，字面凸起，呈现立体感。

4 使用会徽

(1)悬挂会徽，应当置于显著位置。使用会徽及其图案，应当严肃、庄重。

(2)各级工会不得使用破损、污损、褪色或不符合制作规定的会徽。

会徽及其图案不得用于或者变相用于商标、商业广告、商业活动等场合。

（3）县级以上工会组织对所在地区、所辖范围内工会会徽使用情况进行监督检查，对不符合本规定的情况及时纠正。

四、工会的权利和义务

工会适应企业组织形式、职工队伍结构、劳动关系、就业形态等方面的发展变化，依法维护劳动者参加和组织工会的权利。

1 工会的权利

(1)监督权。企业、事业单位、社会组织违反职工代表大会制度和其他民主管理制度，工会有权要求纠正，保障职工依法行使民主管理的权利。

法律、法规规定应当提交职工大会或者职工代表大会审议、通过、决定的事项，企业、事业单位、社会组织应当依法办理。

(2)劳动合同指导、集体合同代签与争议处理。工会帮助、指导职工与企业、实行企业化管理的事业单位、社会组织签订劳动合同。

工会代表职工与企业、实行企业化管理的事业单位、社会组织进行平等协商，依法签订集体合同。集体合同草案应当提交职工代表大会或者全体职工讨论通过。

工会签订集体合同，上级工会应当给予支持和帮助。

企业、事业单位、社会组织违反集体合同，侵犯职工劳动权益的，工会可以依法要求企业、事业单位、社会组织予以改正并承担责任；因履行集体合同发生争议，经协商解决不成的，工会可以向劳动争议仲裁机构提请仲裁，仲裁机构不予受理或者对仲裁裁决不服的，可以向人民法院提起诉讼。

（3）对辞退、处分职工的提出意见权。企业、事业单位、社会组织处分职工，工会认为不适当的，有权提出意见。

用人单位单方面解除职工劳动合同时，应当事先将理由通知工会，工会认为用人单位违反法律、法规和有关合同，要求重新研究处理时，用人单位应当研究工会的意见，并将处理结果书面通知工会。

职工认为用人单位侵犯其劳动权益而申请劳动争议仲裁或者向人民法院提起诉讼的，工会应当给予支持和帮助。

（4）对职工劳动权益的维护。企业、事业单位、社会组织违反劳动法律法规规定，有下列侵犯职工劳动权益情形，工会应当代表职工与企业、事业单位、社会组织交涉，要求企业、事业单位、社会组织采取措施予以改正；企业、事业单位、社会组织应当予以研究处理，并向工会作出答复；企业、事业单位、社会组织拒不改正的，工会可以提请当地人民政府依法作出处理：①克扣、拖欠职工工资的；②不提供劳动安全卫生条件的；③随意延长劳动时间的；④侵犯女职工和未成年工特殊权益的；⑤其他严重侵犯职工劳动权益的。

（5）对劳保和安全卫生提出意见权。工会依照国家规定对新建、扩建企业和技术改造工程中的劳动条件和安全卫生设施与主体工程同时设计、同时施工、同时投产使用进行监督。对工会提出的意见，企业或者主管部门应当认真处理，并将处理结果书面通知工会。

（6）职工生产安全维护。工会发现企业违章指挥、强令工人冒险作业，或者生产过程中发现明显重大事故隐患和职业危害，有权提出解决的建议，企业应当及时研究答复；发现危及职工生命安全的情况时，工会有权向企业建议组织职工撤离危险现场，企业必须及时作出处理决定。

（7）调查权。工会有权对企业、事业单位、社会组织侵犯职工合法权益的问题进行调查，有关单位应当予以协助。

（8）对工伤的调查处理权。职工因工伤亡事故和其他严重危害职工健康问题的调查处理，必须有工会参加。工会应当向有关部门提出处理意见，并有权要求追究直接负责的主管人员和有关责任人员的责任。对工会提出的意见，应当及时研究，给予答复。

（9）对发展计划的建议权。国家机关在组织起草或者修改直接涉及职工切身利益的法律、法规、规章时，应当听取工会意见。

县级以上各级人民政府制定国民经济和社会发展计划，对涉及职工利益的重大问题，应当听取同级工会的意见。

县级以上各级人民政府及其有关部门研究制定劳动就业、工资、劳动安全卫生、社会保险等涉及职工切身利益的政策、措施时，应当吸收同级工会参加研究，听取工会意见。

（10）政府协商。县级以上地方各级人民政府可以召开会议或者采取适当方式，向同级工会通报政府的重要的工作部署和与工会工作有关的行政措施，研究解决工会反映的职工群众的意见和要求。

各级人民政府劳动行政部门应当会同同级工会和企业方面代表，建立劳动关系三方协商机制，共同研究解决劳动关系方面的重大问题。

2 工会的义务

（1）对停工、怠工事件的协调。企业、事业单位、社会组织发生停工、怠工事件，工会应当代表职工同企业、事业单位、社会组织或者有关方面协商，反映职工的意见和要求并提出解决意见。对于职工的合理要求，企业、事业单位、社会组织应当予以解决。工会协助企业、事业单位、社会组织做好工作，尽快恢复生产、工作秩序。

（2）劳动争议调解。工会参加企业的劳动争议调解工作。地方劳动争议仲裁组织应当有同级工会代表参加。

（3）法律服务。县级以上各级总工会依法为所属工会和职工提供法律援助等法律服务。

（4）工会的协助职责。工会协助用人单位办好职工集体福利事业，做好工资、劳动安全卫生和社会保险工作。

（5）思想政治引领及文娱竞技活动。工会会同用人单位加强对职工的思想政治引领，教育职工以国家主人翁态度对待劳动，爱护国家和单位的财产；组织职工开展群众性的合理化建议、技术革新、劳动和技能竞赛活动，进行业余文化技术学习和职工培训，参加职业教育和文化体育活动，推进职业安全健康教育和劳动保护工作。

（6）评优等管理职能。根据政府委托，工会与有关部门共同做好劳动模范和先进生产（工作）者的评选、表彰、培养和管理工作。

五、会员的权利和义务

（一）会　　员

1 会员

（1）凡在中国境内的企业、事业单位、机关、社会组织中，以工资收入为主要生活来源或者与用人单位建立劳动关系的劳动者，不分民族、种族、性别、职业、宗教信仰、教育程度，承认工会章程，都可以加入工会为会员。

工会适应企业组织形式、职工队伍结构、劳动关系、就业形态等方面的发展变化，依法维护劳动者参加和组织工会的权利。

（2）职工加入工会，由本人自愿申请，经基层工会委员会批准并发给会员证。

（3）会员组织关系随劳动（工作）关系变动，凭会员证明接转。

（4）会员有退会自由。会员退会由本人向工会小组提出，由基层工会委员会宣布其退会并收回会员证。

会员没有正当理由连续6个月不交纳会费、不参加工会组织生活，经教育拒不改正，应当视为自动退会。

（5）会员离休、退休和失业，可保留会籍。保留会籍期间免交会费。

工会组织要关心离休、退休和失业会员的生活，积极向有关方面反映他们的愿望和要求。

（6）对不执行工会决议、违反工会章程的会员，给予批评教育。对严重违法犯罪并受到刑事处罚的会员，开除会籍。开除会员会籍，须经工会小组讨论，提出意见，由基层工会委员会决定，报上一级工会备案。

2 会员的权利

会员享有以下权利：

（1）选举权、被选举权和表决权。

（2）对工会工作进行监督，提出意见和建议，要求撤换或者罢免不称职的工会工作人员。

（3）对国家和社会生活问题及本单位工作提出批评与建议，要求工会组织向有关方面如实反映。

（4）在合法权益受到侵犯时，要求工会给予保护。

（5）工会提供的文化、教育、体育、旅游、疗休养、互助保障、生活救助、法律服务、就业服务等优惠待遇；工会给予的各种奖励。

（6）在工会会议和工会媒体上，参加关于工会工作和职工关心问题的讨论。

3 会员的义务

会员履行下列义务：

（1）认真学习贯彻习近平新时代中国特色社会主义思想，学习政治、经济、文化、法律、科技和工会基本知识等。

（2）积极参加民主管理，努力完成生产和工作任务，立足本职岗位建功立业。

（3）遵守宪法和法律，践行社会主义核心价值观，弘扬中华民族传统美德，恪守社会公德、职业道德、家庭美德、个人品德，遵守劳动纪律。

（4）正确处理国家、集体、个人三者利益关系，向危害国家、社会利益的行为作斗争。

（5）维护中国工人阶级和工会组织的团结统一，发扬阶级友爱，搞好互助互济。

（6）遵守工会章程，执行工会决议，参加工会活动，按月交纳会费。

4 工会会员会籍

工会会员会籍，是指工会会员资格，是职工履行入会手续后工会组织确认其为工会会员的依据。

工会会员会籍管理，随劳动（工作）关系流动而变动，会员劳动（工作）关系在哪里，会籍就在哪里，实行一次入会、动态接转。

(二)工会干部

1 工会干部队伍

各级工会组织按照革命化、年轻化、知识化、专业化的要求，落实新时代好干部标准，努力建设一支坚持党的基本路线，熟悉本职业务，热爱工会工作，受到职工信赖的干部队伍。

2 工会干部职责

工会干部要努力做到：

(1)认真学习马克思列宁主义、毛泽东思想、邓小平理论、“三个代表”重要思想、科学发展观、习近平新时代中国特色社会主义思想，学习党的基本知识和党的历史，学习政治、经济、历史、文化、法律、科技和工会业务等知识，提高政治能力、思维能力、实践能力，增强推动高质量发展本领、服务群众本领、防范化解风险本领。

(2)执行党的基本路线和各项方针政策，遵守国家法律、法规，在改革开放和社会主义现代化建设中勇于开拓创新。

(3)信念坚定，忠于职守，勤奋工作，敢于担当，廉洁奉公，顾全大局，维护团结。

(4)坚持实事求是，认真调查研究，如实反映职工的意见、愿望和要求。

(5)坚持原则，不谋私利，热心为职工说话办事，依法维护职工的合法权益。

（6）作风民主，联系群众，增强群众意识和群众感情，自觉接受职工群众的批评和监督。

3 工会干部管理

（1）各级工会组织根据有关规定管理工会干部，重视发现培养和选拔优秀年轻干部、女干部、少数民族干部，成为培养干部的重要基地。

基层工会主席、副主席任期未满不得随意调动其工作。因工作需要调动时，应事先征得本级工会委员会和上一级工会同意。

县和县以上工会可以为基层工会选派、聘用社会化工会工作者等工作人员。

（2）各级工会组织建立与健全干部培训制度。办好工会干部院校和各种培训班。

（3）各级工会组织关心工会干部的思想、学习和生活，督促落实相应的待遇，支持他们的工作，坚决同打击报复工会干部的行为作斗争。

县和县以上工会设立工会干部权益保障金，保障工会干部依法履行职责。

六、工会的经费和资产

1 工会经费的来源及使用

工会经费的来源：

（1）工会会员缴纳的会费；

（2）建立工会组织的用人单位按每月全部职工工资总额的2%向工会拨缴的经费；

（3）工会所属的企业、事业单位上缴的收入；

（4）人民政府的补助；

（5）其他收入。

前述第2项规定的企业、事业单位、社会组织拨缴的经费在税前列支。

工会经费主要用于为职工服务和开展工会活动。经费使用的具体办法由中华全国总工会制定。各级工会组织应坚持正确使用方向，加强预算管理，优化支出结构，开展监督检查。

2 工会经费执行

县和县以上各级工会应当与税务、财政等有关部门合作，依照规定做好工会经费收缴和应当由财政负担的工会经费拨缴工作。

未成立工会的企业、事业单位、机关、社会组织，按工资总额的2%向上级工会拨缴工会建会筹备金。

具备社会团体法人资格的工会应当依法设立独立经费账户。

企业、事业单位、社会组织无正当理由拖延或者拒不拨缴工会经费，基层工会或者上级工会可以向当地人民法院申请支付令；拒不执行支付令的，工会可以依法申请人民法院强制执行。

3 工会经费管理

（1）工会资产是社会团体资产，中华全国总工会对各级工会的资产拥有终极所有权。各级工会依法依规加强对工会资产的监督、管理，保护工会资产不受损害，促进工会资产保值增值。根据经费独立原则，建立预算、决算、资产监管和经费审查监督制度。实行“统一领导、分级管理”的财务体制、“统一所有、分级监管、单位使用”的资产监管体制和“统一领导、分级管理、分级负责、下审一级”的经费审查监督体制。工会经费、资产的管理和使用办法以及工会经费审查监督制度，由中华全国总工会制定。

（2）各级工会建立经费审查委员会。各级工会经费收支情况应当由同级工会经费审查委员会审查，并且定期向会员大会或者会员代表大会报告，接受监督。工会会员大会或者会员代表大会有权对经费使用情况提出意见。

工会经费的使用应当依法接受国家的监督。

各级工会委员会按照规定编制和审批预算、决算，定期向会员大会或者会员代表大会和上一级工会委员会报告经费收支和资产管理情况，接受上级和同级工会经费审查委员会审查监督。

4 工会财产禁止侵占

工会经费、资产和国家及企业、事业单位等拨给工会的不动产和拨付资金形成的资产受法律保护，任何单位和个人不得侵占、挪用和任意调拨；不经批准，不得改变工会所属企业、事业单位的隶属关系和产权关系。

工会组织合并，其经费资产归合并后的工会所有；工会组织撤销或者解散，其经费资产由上级工会处置。

5 物质条件保障

各级人民政府和用人单位应当为工会办公和开展活动，提供必要的设施和活动场所等物质条件。

6 工会隶属关系不随意变动原则

工会所属的为职工服务的企业、事业单位，其隶属关系不得随意改变。

7 工会离退休人员待遇

县级以上各级工会的离休、退休人员的待遇，与国家机关工作人员同等对待。

七、劳动与社会保障

（一）劳动就业

1 劳动安全

劳动安全，又称职业安全，是劳动者享有的在职业劳动中人身安全获得保障、免受职业伤害的权利。目前，我国劳动安全法律体系已经形成了以《宪法》和《劳动法》为根基，以《安全生产法》为主干，以《刑法》《工会法》《矿山安全法》《矿产资源法》《特种设备安全法》相关条款和大量行政法规、部门规章、地方立法为枝叶的较为完整的法律体系。

同时，《女职工劳动保护特别规定》《禁止使用童工规定》《未成年工特殊保护规定》等针对特殊人群，也规定了相应的劳动安全卫生保护内容。

2 劳动者的权利和义务

(1)劳动者享有平等就业和选择职业的权利、取得劳动报酬的权利、休息休假的权利、获得劳动安全卫生保护的权利、接受职业技能培训的权利、享受社会保险和福利的权利、提请劳动争议处理的权利以及法律规定的其他劳动权利。

劳动者应当完成劳动任务,提高职业技能,执行劳动安全卫生规程,遵守劳动纪律和职业道德。

(2)用人单位应当依法建立和完善规章制度,保障劳动者享有劳动权利和履行劳动义务。

3 劳动者权利的保障

(1)国家采取各种措施,促进劳动就业,发展职业教育,制定劳动标准,调节社会收入,完善社会保险,协调劳动关系,逐步提高劳动者的生活水平。国家提倡劳动者参加社会义务劳动,开展劳动竞赛和合理化建议活动,鼓励和保护劳动者进行科学研究、技术革新和发明创造,表彰和奖励劳动模范和先进工作者。

(2)国务院劳动行政部门主管全国劳动工作。县级以上地方人民政府劳动行政部门主管本行政区域内的劳动工作。

(3)劳动者有权依法参加和组织工会。工会代表和维护劳动者的合法权益,依法独立自主地开展活动。劳动者依照法律规定,通过职工大会、职工代表大会或者其他形式,参与民主管理或者就保护劳动者合法权益与用人单位进行平等协商。

4 促进就业

（1）国家通过促进经济和社会发展，创造就业条件，扩大就业机会。国家鼓励企业、事业组织、社会团体在法律、行政法规规定的范围内兴办产业或者拓展经营，增加就业。国家支持劳动者自愿组织起来就业和从事个体经营实现就业。

国家倡导劳动者树立正确的择业观念，提高就业能力和创业能力；鼓励劳动者自主创业、自谋职业。

（2）国务院建立全国促进就业工作协调机制，研究就业工作中的重大问题，协调推动全国的促进就业工作。国务院劳动行政部门具体负责全国的促进就业工作。

省、自治区、直辖市人民政府根据促进就业工作的需要，建立促进就业工作协调机制，协调解决本行政区域就业工作中的重大问题。县级以上人民政府有关部门按照各自的职责分工，共同做好促进就业工作。

（3）县级以上人民政府把扩大就业作为经济和社会发展的重要目标，纳入国民经济和社会发展规划，并制订促进就业的中长期规划和年度工作计划。

县级以上人民政府通过发展经济和调整产业结构、规范人力资源市场、完善就业服务、加强职业教育和培训、提供就业援助等措施，创造就业条件，扩大就业。

各级人民政府和有关部门对在促进就业工作中作出显著成绩的单位和个人，给予表彰和奖励。

地方各级人民政府应当采取措施，发展多种类型的职业介绍机构，提供就业服务。

(4)工会、共产主义青年团、妇女联合会、残疾人联合会以及其他社会组织,协助人民政府开展促进就业工作,依法维护劳动者的劳动权利。

5 国家政策支持就业

(1)国家鼓励各类企业在法律、法规规定的范围内,通过兴办产业或者拓展经营,增加就业岗位。国家鼓励发展劳动密集型产业、服务业,扶持中小企业,多渠道、多方式增加就业岗位。国家鼓励、支持、引导非公有制经济发展,扩大就业,增加就业岗位。

(2)国家发展国内外贸易和国际经济合作,拓宽就业渠道。

(3)国家实行有利于促进就业的财政政策,加大资金投入,改善就业环境,扩大就业。

(4)国家建立健全失业保险制度,依法确保失业人员的基本生活,并促进其实现就业。

(5)国家鼓励企业增加就业岗位,扶持失业人员和残疾人就业,对下列企业、人员依法给予税收优惠:①吸纳符合国家规定条件的失业人员达到规定要求的企业;②失业人员创办的中小企业;③安置残疾人员达到规定比例或者集中使用残疾人的企业;④从事个体经营的符合国家规定条件的失业人员;⑤从事个体经营的残疾人;⑥国务院规定给予税收优惠的其他企业、人员。对本条第 4 项、第 5 项规定的人员,有关部门应当在经营场地等方面给予照顾,免除行政事业性收费。

(6)国家实行有利于促进就业的金融政策,增加中小企业的融资渠道;鼓励金融机构改进金融服务,加大对中小企业的信贷支持,并对自主创业人员在一定期限内给予小额信贷等扶持。

(7)国家实行城乡统筹的就业政策,建立健全城乡劳动者平等就业的制度,引导农业富余劳动力有序转移就业。县级以上地方人民政府推进小城镇建设和加快县域经济发展,引导农业富余劳动力就地就近转移就业;在制定小城镇规划时,将本地区农业富余劳动力转移就业作为重要内容。县级以上地方人民政府引导农业富余劳动力有序向城市异地转移就业;劳动力输出地和输入地人民政府应当互相配合,改善农村劳动者进城就业的环境和条件。

(8)国家支持区域经济发展,鼓励区域协作,统筹协调不同地区就业的均衡增长。国家支持民族地区发展经济,扩大就业。

6 各级人民政府政策支持就业

(1)县级以上人民政府应当把扩大就业作为重要职责,统筹协调产业政策与就业政策。县级以上人民政府在安排政府投资和确定重大建设项目时,应当发挥投资和重大建设项目带动就业的作用,增加就业岗位。

(2)县级以上人民政府应当根据就业状况和就业工作目标,在财政预算中安排就业专项资金用于促进就业工作。

就业专项资金用于职业介绍、职业培训、公益性岗位、职业技能鉴定、特定就业政策和社会保险等的补贴,小额贷款担保基金和微利项目的小额担保贷款贴息,以及扶持公共就业服务等。就业专项资金的使用管理办法由国务院财政部门和劳动行政部门规定。

(3)各级人民政府统筹做好城镇新增劳动力就业、农业富余劳动力转移就业和失业人员就业工作。

(4)各级人民政府采取措施,逐步完善和实施与非全日制用工等灵活就业相适应的劳动和社会保险政策,为灵活就业人员提供帮助和服务。

(5)地方各级人民政府和有关部门应当加强对失业人员从事个体经营的指导,提供政策咨询、就业培训和开业指导等服务。

7 公平就业

(1)各级人民政府创造公平就业的环境,消除就业歧视,制定政策并采取措施对就业困难人员给予扶持和援助。

(2)用人单位招用人员、职业中介机构从事职业中介活动,应当向劳动者提供平等的就业机会和公平的就业条件,不得实施就业歧视。

用人单位招用人员,不得以是传染病病原携带者为由拒绝录用。但是,经医学鉴定传染病病原携带者在治愈前或者排除传染嫌疑前,不得从事法律、行政法规和国务院卫生健康行政部门规定禁止从事的易使传染病扩散的工作。

(3)国家保障妇女享有与男子平等的劳动权利。用人单位招用人员,除国家规定的不适合妇女的工种或者岗位外,不得以性别为由拒绝录用女性或者提高对女性的录用标准。用人单位录用女职工,不得在劳动合同中规定限制女职工结婚、生育的内容。

各民族劳动者享有平等的劳动权利。用人单位招用人员,应当依法对少数民族劳动者给予适当照顾。

国家保障残疾人的劳动权利。各级人民政府应当对残疾人就业统筹规划,为残疾人创造就业条件。用人单位招用人员,不得歧视残疾人。

(4)农村劳动者进城就业享有与城镇劳动者平等的劳动权利,不得对农村劳动者进城就业设置歧视性限制。

8 劳动者就业平等

(1)劳动者就业,不因民族、种族、性别、宗教信仰不同而受歧视。

(2)妇女享有与男子平等的就业权利。在录用职工时,除国家规定的不适合妇女的工种或者岗位外,不得以性别为由拒绝录用女性或者提高对女性的录用标准。

(3)残疾人、少数民族人员、退出现役的军人的就业,法律、法规有特别规定的,从其规定。

9 就业服务和管理

(1)国家建立劳动力调查统计制度和就业登记、失业登记制度,开展劳动力资源和就业、失业状况调查统计,并公布调查统计结果。统计部门和劳动行政部门进行劳动力调查统计和就业、失业登记时,用人单位和个人应当如实提供调查统计和登记所需要的情况。

(2)县级以上人民政府培育和完善统一开放、竞争有序的人力资源市场,为劳动者就业提供服务。

(3)县级以上人民政府鼓励社会各方面依法开展就业服务活动,加强对公共就业服务和职业中介服务的指导和监督,逐步完善覆盖城乡的就业服务体系。

(4)县级以上人民政府加强人力资源市场信息网络及相关设施建设,建立健全人力资源市场信息服务体系,完善市场信息发布制度。

(5)县级以上人民政府建立健全公共就业服务体系,设立公共就业服务机构,为劳动者免费提供下列服务:①就业政策法规咨询;②职业供求信息、市场工资指导价位信息和职业培训信息发布;③职业指导和职业介绍;④对就业困难人员实施就业援助;⑤办理就业登记、失业登记等事务;⑥其他公共就业服务。

公共就业服务机构应当不断提高服务的质量和效率,不得从事经营性活动。公共就业服务经费纳入同级财政预算。

(6)县级以上人民政府建立失业预警制度,对可能出现的较大规模的失业,实施预防、调节和控制。

10 职业中介活动

(1)从事职业中介活动,应当遵循合法、诚实信用、公平、公开的原则。用人单位通过职业中介机构招用人员,应当如实向职业中介机构提供岗位需求信息。禁止任何组织或者个人利用职业中介活动侵害劳动者的合法权益。

(2)县级以上地方人民政府对职业中介机构提供公益性就业服务的,按照规定给予补贴。国家鼓励社会各界为公益性就业服务提供捐赠、资助。

地方各级人民政府和有关部门不得举办或者与他人联合举办经营性的职业中介机构。地方各级人民政府和有关部门、公共就业服务机构举办的招聘会,不得向劳动者收取费用。

县级以上人民政府和有关部门加强对职业中介机构的管理,鼓励其提高服务质量,发挥其在促进就业中的作用。

(3)设立职业中介机构应当具备下列条件:①有明确的章程和管理制度;②有开展业务必备的固定场所、办公设施和一定数额的开办资金;③有一定数量具备相应职业资格的专职工作人员;④法律、法规规定的其他条件。

设立职业中介机构应当在市场监督管理部门办理登记后,向劳动行政部门申请行政许可。未经依法许可和登记的机构,不得从事职业中介活动。国家对外商投资职业中介机构和向劳动者提供境外就业服务的职业中介机构另有规定的,依照其规定。

(4)职业中介机构不得有下列行为:①提供虚假就业信息;②为无合法证照的用人单位提供职业中介服务;③伪造、涂改、转让职业中介许可证;④扣押劳动者的居民身份证和其他证件,或者向劳动者收取押金;⑤其他违反法律、法规规定的行为。

11 职业教育

(1)国家依法发展职业教育,鼓励开展职业培训,促进劳动者提高职业技能,增强就业能力和创业能力。

(2)县级以上人民政府根据经济社会发展和市场需求,制订并实施职业能力开发计划。县级以上人民政府加强统筹协调,鼓励和支持各类职业院校、职业技能培训机构和用人单位依法开展就业前培训、在职培训、再就业培训和创业培训;鼓励劳动者参加各种形式的培训。

(3)县级以上地方人民政府和有关部门根据市场需求和产业发展方向,鼓励、指导企业加强职业教育和培训。职业院校、职业技能培训机构与企业应当密切联系,实行产教结合,为经济建设服务,培养实用人才和熟练劳动者。企业应当按照国家有关规定提取职工教育经费,对劳动者进行职业技能培训和继续教育培训。

12 职业培训

(1)国家采取措施建立健全劳动预备制度,县级以上地方人民政府对有就业要求的初高中毕业生实行一定期限的职业教育和培训,使其取得相应的职业资格或者掌握一定的职业技能。

(2)地方各级人民政府鼓励和支持开展就业培训,帮助失业人员提高职业技能,增强其就业能力和创业能力。失业人员参加就业培训的,按照有关规定享受政府培训补贴。

(3)地方各级人民政府采取有效措施,组织和引导进城就业的农村劳动者参加技能培训,鼓励各类培训机构为进城就业的农村劳动者提供技能培训,增强其就业能力和创业能力。

(4)国家对从事涉及公共安全、人身健康、生命财产安全等特殊工种的劳动者,实行职业资格证书制度,具体办法由国务院规定。

13 就业援助

(1)就业困难人员,是指因身体状况、技能水平、家庭因素、失去土地等原因难以实现就业,以及连续失业一定时间仍未能实现就业的人员。就业困难人员的具体范围,由省、自治区、直辖市人民政府根据本行政区域的实际情况规定。

(2)各级人民政府建立健全就业援助制度,采取税费减免、贷款贴息、社会保险补贴、岗位补贴等办法,通过公益性岗位安置等途径,对就业困难人员实行优先扶持和重点帮助。

(3)地方各级人民政府加强基层就业援助服务工作,对就业困难人员实施重点帮助,提供有针对性的就业服务和公益性岗位援助。地方各级人民政府鼓励和支持社会各方面为就业困难人员提供技能培训、岗位信息等服务。

(4)各级人民政府采取特别扶助措施,促进残疾人就业。用人单位应当按照国家规定安排残疾人就业,具体办法由国务院规定。

(5)县级以上地方人民政府采取多种就业形式,拓宽公益性岗位范围,开发就业岗位,确保城市有就业需求的家庭至少有 1 人实现就业。法定劳动年龄内的家庭人员均处于失业状况的城市居民家庭,可以向住所地街道、社区公共就业服务机构申请就业援助。街道、社区公共就业服务机构经确认属实的,应当为该家庭中至少 1 人提供适当的就业岗位。

(6)政府投资开发的公益性岗位,应当优先安排符合岗位要求的就业困难人员。被安排在公益性岗位工作的,按照国家规定给予岗位补贴。

(7)国家鼓励资源开采型城市和独立工矿区发展与市场需求相适应的产业,引导劳动者转移就业。对因资源枯竭或者经济结构调整等原因造成就业困难人员集中的地区,上级人民政府应当给予必要的扶持和帮助。

(二)劳动合同

1 劳动合同

(1)劳动合同是劳动者与用人单位确立劳动关系、明确双方权利和义务的协议。建立劳动关系应当订立劳动合同。

(2)订立和变更劳动合同,应当遵循平等自愿、协商一致的原则,不得违反法律、行政法规的规定。劳动合同依法订立即具有法律约束力,当事人必须履行劳动合同规定的义务。

(3)劳动合同可以约定试用期。试用期最长不得超过6个月。

(4)劳动合同当事人可以在劳动合同中约定保守用人单位商业秘密的有关事项。

2 劳动合同的订立

(1)用人单位自用工之日起即与劳动者建立劳动关系。用人单位应当建立职工名册备查。

(2)用人单位招用劳动者时,应当如实告知劳动者工作内容、工作条件、工作地点、职业危害、安全生产状况、劳动报酬,以及劳动者要求了解的其他情况;用人单位有权了解劳动者与劳动合同直接相关的基本情况,劳动者应当如实说明。

(3)用人单位招用劳动者,不得扣押劳动者的居民身份证和其他证件,不得要求劳动者提供担保或者以其他名义向劳动者收取财物。

(4)建立劳动关系,应当订立书面劳动合同。已建立劳动关系,未同时订立书面劳动合同的,应当自用工之日起 1 个月内订立书面劳动合同。用人单位与劳动者在用工前订立劳动合同的,劳动关系自用工之日起建立。

(5)用人单位未在用工的同时订立书面劳动合同,与劳动者约定的劳动报酬不明确的,新招用的劳动者的劳动报酬按照集体合同规定的标准执行;没有集体合同或者集体合同未规定的,实行同工同酬。

(6)劳动合同由用人单位与劳动者协商一致,并经用人单位与劳动者在劳动合同文本上签字或者盖章生效。劳动合同文本由用人单位和劳动者各执 1 份。

3 劳动合同的分类

(1)劳动合同分为固定期限劳动合同、无固定期限劳动合同和以完成一定工作任务为期限的劳动合同。

(2)固定期限劳动合同,是指用人单位与劳动者约定合同终止时间的劳动合同。用人单位与劳动者协商一致,可以订立固定期限劳动合同。

(3)无固定期限劳动合同,是指用人单位与劳动者约定无确定终止时间的劳动合同。

用人单位与劳动者协商一致,可以订立无固定期限劳动合同。有下列情形之一,劳动者提出或者同意续订、订立劳动合同的,除劳动者提出订立固定期限劳动合同外,应当订立无固定期限劳动合同:①劳动者在该用人单位连续工作满 10 年的;②用人单位初次实行劳动合同制度或者国有企业改制重新订立劳动合同时,劳动者在该用人单位连续工作满 10 年且距法定退休年龄不足 10 年的;③连续订立 2 次固定期限劳动合同,且劳动者没有法律规定的情形,续订劳动合同的。

用人单位自用工之日起满 1 年不与劳动者订立书面劳动合同的,视为用人单位与劳动者已订立无固定期限劳动合同。

(4)以完成一定工作任务为期限的劳动合同,是指用人单位与劳动者约定以某项工作的完成为合同期限的劳动合同。

用人单位与劳动者协商一致,可以订立以完成一定工作任务为期限的劳动合同。

4 劳动合同必备条款

(1)劳动合同应当具备以下条款:①用人单位的名称、住所和法定代表人或者主要负责人;②劳动者的姓名、住址和居民身份证或者其他有效身份证件号码;③劳动合同期限;④工作内容和工作地点;⑤工作时间和休息休假;⑥劳动报酬;⑦社会保险;⑧劳动保护、劳动条件和职业危害防护;⑨法律、法规规定应当纳入劳动合同的其他事项。

劳动合同除上述规定的必备条款外,用人单位与劳动者可以约定试用期、培训、保守秘密、补充保险和福利待遇等其他事项。

（2）劳动合同对劳动报酬和劳动条件等标准约定不明确，引发争议的，用人单位与劳动者可以重新协商；协商不成的，适用集体合同规定；没有集体合同或者集体合同未规定劳动报酬的，实行同工同酬；没有集体合同或者集体合同未规定劳动条件等标准的，适用国家有关规定。

5 试用期

（1）劳动合同期限3个月以上不满1年的，试用期不得超过1个月；劳动合同期限1年以上不满3年的，试用期不得超过2个月；3年以上固定期限和无固定期限的劳动合同，试用期不得超过6个月。

同一用人单位与同一劳动者只能约定1次试用期。

以完成一定工作任务为期限的劳动合同或者劳动合同期限不满3个月的，不得约定试用期。

试用期包含在劳动合同期限内。劳动合同仅约定试用期的，试用期不成立，该期限为劳动合同期限。

（2）劳动者在试用期的工资不得低于本单位相同岗位最低档工资或者劳动合同约定工资的80%，并不得低于用人单位所在地的最低工资标准。

（3）在试用期中，除劳动者有《劳动合同法》第39条和第40条第1项、第2项规定的情形外，用人单位不得解除劳动合同。用人单位在试用期解除劳动合同的，应当向劳动者说明理由。

6 服务期条款

（1）用人单位为劳动者提供专项培训费用，对其进行专业技术培训的，可以与该劳动者订立协议，约定服务期。

（2）劳动者违反服务期约定的，应当按照约定向用人单位支付违约金。违约金的数额不得超过用人单位提供的培训费用。用人单位要求劳动者支付的违约金不得超过服务期尚未履行部分所应分摊的培训费用。

（3）用人单位与劳动者约定服务期的，不影响按照正常的工资调整机制提高劳动者在服务期期间的劳动报酬。

7 保守秘密条款

（1）用人单位与劳动者可以在劳动合同中约定保守用人单位的商业秘密和与知识产权相关的保密事项。

对负有保密义务的劳动者，用人单位可以在劳动合同或者保密协议中与劳动者约定竞业限制条款，并约定在解除或者终止劳动合同后，在竞业限制期限内按月给予劳动者经济补偿。劳动者违反竞业限制约定的，应当按照约定向用人单位支付违约金。

（2）竞业限制的人员限于用人单位的高级管理人员、高级技术人员和其他负有保密义务的人员。竞业限制的范围、地域、期限由用人单位与劳动者约定，竞业限制的约定不得违反法律、法规的规定。

在解除或者终止劳动合同后，前述规定的人员到与本单位生产或者经营同类产品、从事同类业务的有竞争关系的其他用人单位,或者自己开业生产或者经营同类产品、从事同类业务的竞业限制期限,不得超过2年。

8 劳动合同无效或部分无效

(1)下列劳动合同无效或者部分无效:①以欺诈、胁迫的手段或者乘人之危,使对方在违背真实意思的情况下订立或者变更劳动合同的;②用人单位免除自己的法定责任、排除劳动者权利的;③违反法律、行政法规强制性规定的。

对劳动合同的无效或者部分无效有争议的,由劳动争议仲裁机构或者人民法院确认。

(2)劳动合同部分无效,不影响其他部分效力的,其他部分仍然有效。

(3)劳动合同被确认无效,劳动者已付出劳动的,用人单位应当向劳动者支付劳动报酬。劳动报酬的数额,参照本单位相同或者相近岗位劳动者的劳动报酬确定。

9 劳动合同的履行

(1)用人单位与劳动者应当按照劳动合同的约定,全面履行各自的义务。

(2)用人单位应当按照劳动合同约定和国家规定,向劳动者及时足额支付劳动报酬。

用人单位拖欠或者未足额支付劳动报酬的,劳动者可以依法向当地人民法院申请支付令,人民法院应当依法发出支付令。

(3)用人单位应当严格执行劳动定额标准,不得强迫或者变相强迫劳动者加班。用人单位安排加班的,应当按照国家有关规定向劳动者支付加班费。

(4)劳动者拒绝用人单位管理人员违章指挥、强令冒险作业的,不视为违反劳动合同。

劳动者对危害生命安全和身体健康的劳动条件,有权对用人单位提出批评、检举和控告。

10 劳动合同的变更

(1)用人单位变更名称、法定代表人、主要负责人或者投资人等事项,不影响劳动合同的履行。

(2)用人单位发生合并或者分立等情况,原劳动合同继续有效,劳动合同由承继其权利和义务的用人单位继续履行。

(3)用人单位与劳动者协商一致,可以变更劳动合同约定的内容。变更劳动合同,应当采用书面形式。

变更后的劳动合同文本由用人单位和劳动者各执1份。

11 劳动合同的无效

(1)下列劳动合同无效或者部分无效:①以欺诈、胁迫的手段或者乘人之危,使对方在违背真实意思的情况下订立或者变更劳动合同的;②用人单位免除自己的法定责任、排除劳动者权利的;③违反法律、行政法规强制性规定的。

对劳动合同的无效或者部分无效有争议的,由劳动争议仲裁机构或者人民法院确认。

（2）劳动合同部分无效，不影响其他部分效力的，其他部分仍然有效。

（3）劳动合同被确认无效，劳动者已付出劳动的，用人单位应当向劳动者支付劳动报酬。劳动报酬的数额，参照本单位相同或者相近岗位劳动者的劳动报酬确定。

（4）劳动合同依照《劳动合同法》第26条规定被确认无效，给对方造成损害的，有过错的一方应当承担赔偿责任。

12 劳动合同的解除

（1）用人单位与劳动者协商一致，可以解除劳动合同。

（2）劳动者提前30日以书面形式通知用人单位，可以解除劳动合同。劳动者在试用期内提前3日通知用人单位，可以解除劳动合同。

（3）用人单位有下列情形之一的，劳动者可以解除劳动合同：①未按照劳动合同约定提供劳动保护或者劳动条件的；②未及时足额支付劳动报酬的；③未依法为劳动者缴纳社会保险费的；④用人单位的规章制度违反法律、法规的规定，损害劳动者权益的；⑤因《劳动合同法》第26条第1款规定的情形致使劳动合同无效的；⑥法律、行政法规规定劳动者可以解除劳动合同的其他情形。

用人单位以暴力、威胁或者非法限制人身自由的手段强迫劳动者劳动的，或者用人单位违章指挥、强令冒险作业危及劳动者人身安全的，劳动者可以立即解除劳动合同，不需事先告知用人单位。

(4)劳动者有下列情形之一的,用人单位可以解除劳动合同:①在试用期间被证明不符合录用条件的;②严重违反用人单位的规章制度的;③严重失职,营私舞弊,给用人单位造成重大损害的;④劳动者同时与其他用人单位建立劳动关系,对完成本单位的工作任务造成严重影响,或者经用人单位提出,拒不改正的;⑤因《劳动合同法》第 26 条第 1 款第 1 项规定的情形致使劳动合同无效的;⑥被依法追究刑事责任的。

(5)有下列情形之一的,用人单位提前 30 日以书面形式通知劳动者本人或者额外支付劳动者 1 个月工资后,可以解除劳动合同:①劳动者患病或者非因工负伤,在规定的医疗期满后不能从事原工作,也不能从事由用人单位另行安排的工作的;②劳动者不能胜任工作,经过培训或者调整工作岗位,仍不能胜任工作的;③劳动合同订立时所依据的客观情况发生重大变化,致使劳动合同无法履行,经用人单位与劳动者协商,未能就变更劳动合同内容达成协议的。

(6)有下列情形之一,需要裁减人员 20 人以上或者裁减不足 20 人但占企业职工总数 10% 以上的,用人单位提前 30 日向工会或者全体职工说明情况,听取工会或者职工的意见后,裁减人员方案经向劳动行政部门报告,可以裁减人员:①依照企业破产法规定进行重整的;②生产经营发生严重困难的;③企业转产、重大技术革新或者经营方式调整,经变更劳动合同后,仍需裁减人员的;④其他因劳动合同订立时所依据的客观经济情况发生重大变化,致使劳动合同无法履行的。

裁减人员时,应当优先留用下列人员:①与本单位订立较长期限的固定期限劳动合同的;②与本单位订立无固定期限劳动合同的;③家庭无其他就业人员,有需要扶养的老人或者未成年人的。

用人单位依照前述规定裁减人员,在6个月内重新招用人员的,应当通知被裁减的人员,并在同等条件下优先招用被裁减的人员。

(7)劳动者有下列情形之一的,用人单位不得依照《劳动合同法》第40条、第41条的规定解除劳动合同:①从事接触职业病危害作业的劳动者未进行离岗前职业健康检查,或者疑似职业病病人在诊断或者医学观察期间的;②在本单位患职业病或者因工负伤并被确认丧失或者部分丧失劳动能力的;③患病或者非因工负伤,在规定的医疗期内的;④女职工在孕期、产期、哺乳期的;⑤在本单位连续工作满15年,且距法定退休年龄不足5年的;⑥法律、行政法规规定的其他情形。

(8)用人单位单方解除劳动合同,应当事先将理由通知工会。用人单位违反法律、行政法规规定或者劳动合同约定的,工会有权要求用人单位纠正。用人单位应当研究工会的意见,并将处理结果书面通知工会。劳动者申请仲裁或者提起诉讼的,工会应当依法给予支持和帮助。

13 劳动合同的中止

(1)有下列情形之一的,劳动合同终止:①劳动合同期满的;②劳动者开始依法享受基本养老保险待遇的;③劳动者死亡,或者被人民法院宣告死亡或者宣告失踪的;④用人单位被依法宣告破产的;⑤用人单位被吊销营业执照、责令关闭、撤销或者用人单位决定提前解散的。

(2)劳动合同期满,有《劳动合同法》第 42 条规定情形之一的,劳动合同应当续延至相应的情形消失时终止。但是,《劳动合同法》第 42 条第 2 项规定丧失或者部分丧失劳动能力劳动者的劳动合同的终止,按照国家有关工伤保险的规定执行。

(3)用人单位违反《劳动合同法》规定解除或者终止劳动合同,劳动者要求继续履行劳动合同的,用人单位应当继续履行;劳动者不要求继续履行劳动合同或者劳动合同已经不能继续履行的,用人单位应当依照《劳动合同法》第 87 条规定支付赔偿金。

14 用人单位支付经济补偿

(1)有下列情形之一的,用人单位应当向劳动者支付经济补偿:①劳动者依照《劳动合同法》第 38 条规定解除劳动合同的;②用人单位依照《劳动合同法》第 36 条规定向劳动者提出解除劳动合同并与劳动者协商一致解除劳动合同的;③用人单位依照《劳动合同法》第 40 条规定解除劳动合同的;④用人单位依照《劳动合同法》第 41 条第 1 款规定解除劳动合同的;⑤除用人单位维持或者提高劳动合同约定条件续订劳动合同,劳动者不同意续订的情形外,依照《劳动合同法》第 44 条第 1 项规定终止固定期限劳动合同的;⑥依照《劳动合同法》第 44 条第 4 项、第 5 项规定终止劳动合同的;⑦法律、行政法规规定的其他情形。

(2)经济补偿按劳动者在本单位工作的年限,每满 1 年支付 1 个月工资的标准向劳动者支付。6 个月以上不满 1 年的,按 1 年计算;不满 6 个月的,向劳动者支付半个月工资的经济补偿。

劳动者月工资高于用人单位所在直辖市、设区的市级人民政府公布的本地区上年度职工月平均工资3倍的，向其支付经济补偿的标准按职工月平均工资3倍的数额支付，向其支付经济补偿的年限最高不超过12年。

此处所称的月工资，是指劳动者在劳动合同解除或者终止前12个月的平均工资。

15 集体合同

（1）企业职工一方与企业可以就劳动报酬、工作时间、休息休假、劳动安全卫生、保险福利等事项，签订集体合同。集体合同草案应当提交职工代表大会或者全体职工讨论通过。集体合同由工会代表职工与企业签订；没有建立工会的企业，由职工推举的代表与企业签订。

（2）集体合同签订后应当报送劳动行政部门；劳动行政部门自收到集体合同文本之日起15日内未提出异议的，集体合同即行生效。

依法签订的集体合同对企业和企业全体职工具有约束力。职工个人与企业订立的劳动合同中劳动条件和劳动报酬等标准不得低于集体合同的规定。

（3）集体合同中劳动报酬和劳动条件等标准不得低于当地人民政府规定的最低标准；用人单位与劳动者订立的劳动合同中劳动报酬和劳动条件等标准不得低于集体合同规定的标准。

（4）企业职工一方与用人单位可以订立劳动安全卫生、女职工权益保护、工资调整机制等专项集体合同。

在县级以下区域内，建筑业、采矿业、餐饮服务业等行业可以由工会与企业方面代表订立行业性集体合同，或者订立区域性集体合同。

(5)用人单位违反集体合同，侵犯职工劳动权益的，工会可以依法要求用人单位承担责任；因履行集体合同发生争议，经协商解决不成的，工会可以依法申请仲裁、提起诉讼。

16 劳务派遣

(1)经营劳务派遣业务应当具备下列条件：①注册资本不得少于人民币200万元；②有与开展业务相适应的固定的经营场所和设施；③有符合法律、行政法规规定的劳务派遣管理制度；④法律、行政法规规定的其他条件。

经营劳务派遣业务，应当向劳动行政部门依法申请行政许可；经许可的，依法办理相应的公司登记。未经许可，任何单位和个人不得经营劳务派遣业务。

(2)劳务派遣单位是《劳动合同法》所称用人单位，应当履行用人单位对劳动者的义务。劳务派遣单位与被派遣劳动者订立的劳动合同，除应当载明《劳动合同法》第17条规定的事项外，还应当载明被派遣劳动者的用工单位以及派遣期限、工作岗位等情况。

劳务派遣单位应当与被派遣劳动者订立2年以上的固定期限劳动合同，按月支付劳动报酬；被派遣劳动者在无工作期间，劳务派遣单位应当按照所在地人民政府规定的最低工资标准，向其按月支付报酬。

(3)劳务派遣单位派遣劳动者应当与接受以劳务派遣形式用工的单位(以下简称用工单位)订立劳务派遣协议。劳务派遣协议应当约定派遣岗位和人员数量、派遣期限、劳动报酬和社会保险费的数额与支付方式以及违反协议的责任。

用工单位应当根据工作岗位的实际需要与劳务派遣单位确定派遣期限,不得将连续用工期限分割订立数个短期劳务派遣协议。

(4)劳务派遣单位应当将劳务派遣协议的内容告知被派遣劳动者。

劳务派遣单位不得克扣用工单位按照劳务派遣协议支付给被派遣劳动者的劳动报酬。

劳务派遣单位和用工单位不得向被派遣劳动者收取费用。

(5)劳务派遣单位跨地区派遣劳动者的,被派遣劳动者享有的劳动报酬和劳动条件,按照用工单位所在地的标准执行。

(6)用工单位应当履行下列义务:①执行国家劳动标准,提供相应的劳动条件和劳动保护;②告知被派遣劳动者的工作要求和劳动报酬;③支付加班费、绩效奖金,提供与工作岗位相关的福利待遇;④对在岗被派遣劳动者进行工作岗位所必需的培训;⑤连续用工的,实行正常的工资调整机制。

用工单位不得将被派遣劳动者再派遣到其他用人单位。

(7)被派遣劳动者享有与用工单位的劳动者同工同酬的权利。用工单位应当按照同工同酬原则,对被派遣劳动者与本单位同类岗位的劳动者实行相同的劳动报酬分配办法。用工单位无同类岗位劳动者的,参照用工单位所在地相同或者相近岗位劳动者的劳动报酬确定。

劳务派遣单位与被派遣劳动者订立的劳动合同和与用工单位订立的劳务派遣协议,载明或者约定的向被派遣劳动者支付的劳动报酬应当符合前述规定。

(8)被派遣劳动者有权在劳务派遣单位或者用工单位依法参加或者组织工会,维护自身的合法权益。

(9)被派遣劳动者可以依照《劳动合同法》第 36 条、第 38 条的规定与劳务派遣单位解除劳动合同。

被派遣劳动者有《劳动合同法》第 39 条和第 40 条第 1 项、第 2 项规定情形的,用工单位可以将劳动者退回劳务派遣单位,劳务派遣单位依照《劳动合同法》有关规定,可以与劳动者解除劳动合同。

(10)劳动合同用工是我国的企业基本用工形式。劳务派遣用工是补充形式,只能在临时性、辅助性或者替代性的工作岗位上实施。

上述规定的临时性工作岗位,是指存续时间不超过 6 个月的岗位;辅助性工作岗位,是指为主营业务岗位提供服务的非主营业务岗位;替代性工作岗位,是指用工单位的劳动者因脱产学习、休假等原因无法工作的一定期间内,可以由其他劳动者替代工作的岗位。

用工单位应当严格控制劳务派遣用工数量,不得超过其用工总量的一定比例,具体比例由国务院劳动行政部门规定。

(11)用人单位不得设立劳务派遣单位向本单位或者所属单位派遣劳动者。

17 非全日制用工

(1)非全日制用工,是指以小时计酬为主,劳动者在同一用人单位一般平均每日工作时间不超过 4 小时,每周工作时间累计不超过 24 小时的用工形式。

(2)非全日制用工双方当事人可以订立口头协议。从事非全日制用工的劳动者可以与 1 个或者 1 个以上用人单位订立劳动合同;但是,后订立的劳动合同不得影响先订立的劳动合同的履行。

(3)非全日制用工双方当事人不得约定试用期。

(4)非全日制用工双方当事人任何一方都可以随时通知对方终止用工。终止用工,用人单位不向劳动者支付经济补偿。

(5)非全日制用工小时计酬标准不得低于用人单位所在地人民政府规定的最低小时工资标准。非全日制用工劳动报酬结算支付周期最长不得超过 15 日。

(三)薪酬福利

1 工资

(1)工资分配应当遵循按劳分配原则,实行同工同酬。工资水平在经济发展的基础上逐步提高。国家对工资总量实行宏观调控。

(2)用人单位根据本单位的生产经营特点和经济效益,依法自主确定本单位的工资分配方式和工资水平。

(3)国家实行最低工资保障制度。最低工资的具体标准由省、自治区、直辖市人民政府规定,报国务院备案。用人单位支付劳动者的工资不得低于当地最低工资标准。

(4)确定和调整最低工资标准应当综合参考下列因素:①劳动者本人及平均赡养人口的最低生活费用;②社会平均工资水平;③劳动生产率;④就业状况;⑤地区之间经济发展水平的差异。

(5)工资应当以货币形式按月支付给劳动者本人。不得克扣或者无故拖欠劳动者的工资。

(6)劳动者在法定休假日和婚丧假期间以及依法参加社会活动期间,用人单位应当依法支付工资。

2 工作时间

(1)国家实行劳动者每日工作时间不超过 8 小时、平均每周工作时间不超过 44 小时的工时制度。

对实行计件工作的劳动者,用人单位应当根据《劳动法》第 36 条规定的工时制度合理确定其劳动定额和计件报酬标准。

(2)用人单位由于生产经营需要,经与工会和劳动者协商后可以延长工作时间,一般每日不得超过 1 小时;因特殊原因需要延长工作时间的,在保障劳动者身体健康的条件下延长工作时间每日不得超过 3 小时,但是每月不得超过 36 小时。

(3)有下列情形之一的,延长工作时间不受《劳动法》第 41 条规定的限制:①发生自然灾害、事故或者因其他原因,威胁劳动者生命健康和财产安全,需要紧急处理的;②生产设备、交通运输线路、公共设施发生故障,影响生产和公众利益,必须及时抢修的;③法律、行政法规规定的其他情形。

(4)用人单位不得违反《劳动法》规定延长劳动者的工作时间。

(5)有下列情形之一的,用人单位应当按照下列标准支付高于劳动者正常工作时间工资的工资报酬:①安排劳动者延长工作时间的,支付不低于工资的150%的工资报酬;②休息日安排劳动者工作又不能安排补休的,支付不低于工资的200%的工资报酬;③法定休假日安排劳动者工作的,支付不低于工资的300%的工资报酬。

3 休息休假

(1)用人单位应当保证劳动者每周至少休息1日。企业因生产特点不能实行《劳动法》第36条、第38条规定的,经劳动行政部门批准,可以实行其他工作和休息办法。

(2)用人单位在下列节日期间应当依法安排劳动者休假:①元旦;②春节;③国际劳动节;④国庆节;⑤法律、法规规定的其他休假节日。

4 职工年休假

(1)机关、团体、企业、事业单位、民办非企业单位、有雇工的个体工商户等单位的职工连续工作1年以上的,享受带薪年休假(以下简称年休假)。单位应当保证职工享受年休假。职工在年休假期间享受与正常工作期间相同的工资收入。

（2）职工累计工作已满1年不满10年的，年休假5天；已满10年不满20年的，年休假10天；已满20年的，年休假15天。国家法定休假日、休息日不计入年休假的假期。

（3）职工有下列情形之一的，不享受当年的年休假：①职工依法享受寒暑假，其休假天数多于年休假天数的；②职工请事假累计20天以上且单位按照规定不扣工资的；③累计工作满1年不满10年的职工，请病假累计2个月以上的；④累计工作满10年不满20年的职工，请病假累计3个月以上的；⑤累计工作满20年以上的职工，请病假累计4个月以上的。

（4）单位根据生产、工作的具体情况，并考虑职工本人意愿，统筹安排职工年休假。年休假在1个年度内可以集中安排，也可以分段安排，一般不跨年度安排。单位因生产、工作特点确有必要跨年度安排职工年休假的，可以跨1个年度安排。单位确因工作需要不能安排职工休年休假的，经职工本人同意，可以不安排职工休年休假。对职工应休未休的年休假天数，单位应当按照该职工日工资收入的300%支付年休假工资报酬。

（5）县级以上地方人民政府人事部门、劳动保障部门应当依据职权对单位执行本条例的情况主动进行监督检查。工会组织依法维护职工的年休假权利。

（6）单位不安排职工休年休假又不依照《职工带薪年休假条例》规定给予年休假工资报酬的，由县级以上地方人民政府人事部门或者劳动保障部门依据职权责令限期改正；对逾期不改正的，除责令该单位支付年休假工资报酬外，单位还应当按照年休假工资报酬的数额向职工加付赔偿金；对拒不支付年休假工资报酬、赔偿金的，属于公务员和参照公务员法管理的人员所在单位的，对直接负责的主管人员以及其他直接责任人员依法给予处分；属于其他单位的，由劳动保障部门、人事部门或者职工申请人民法院强制执行。

(四)劳动保护

1 劳动安全卫生

(1)用人单位必须建立、健全劳动安全卫生制度，严格执行国家劳动安全卫生规程和标准，对劳动者进行劳动安全卫生教育，防止劳动过程中的事故，减少职业危害。

(2)劳动安全卫生设施必须符合国家规定的标准。新建、改建、扩建工程的劳动安全卫生设施必须与主体工程同时设计、同时施工、同时投入生产和使用。

(3)用人单位必须为劳动者提供符合国家规定的劳动安全卫生条件和必要的劳动防护用品，对从事有职业危害作业的劳动者应当定期进行健康检查。

(4)从事特种作业的劳动者必须经过专门培训并取得特种作业资格。

(5)劳动者在劳动过程中必须严格遵守安全操作规程。劳动者对用人单位管理人员违章指挥、强令冒险作业，有权拒绝执行；对危害生命安全和身体健康的行为，有权提出批评、检举和控告。

(6)国家建立伤亡事故和职业病统计报告和处理制度。县级以上各级人民政府劳动行政部门、有关部门和用人单位应当依法对劳动者在劳动过程中发生的伤亡事故和劳动者的职业病状况，进行统计、报告和处理。

2 安全生产

(1)生产经营单位应当具备《安全生产法》和有关法律、行政法规和国家标准或者行业标准规定的安全生产条件;不具备安全生产条件的,不得从事生产经营活动。

(2)生产经营单位的主要负责人对本单位安全生产工作负有下列职责:①建立健全并落实本单位全员安全生产责任制,加强安全生产标准化建设;②组织制订并实施本单位安全生产规章制度和操作规程;③组织制定并实施本单位安全生产教育和培训计划;④保证本单位安全生产投入的有效实施;⑤组织建立并落实安全风险分级管控和隐患排查治理双重预防工作机制,督促、检查本单位的安全生产工作,及时消除生产安全事故隐患;⑥组织制定并实施本单位的生产安全事故应急救援预案;⑦及时、如实报告生产安全事故。

(3)生产经营单位的全员安全生产责任制应当明确各岗位的责任人员、责任范围和考核标准等内容。生产经营单位应当建立相应的机制,加强对全员安全生产责任制落实情况的监督考核,保证全员安全生产责任制的落实。

(4)生产经营单位应当具备的安全生产条件所必需的资金投入,由生产经营单位的决策机构、主要负责人或者个人经营的投资人予以保证,并对由于安全生产所必需的资金投入不足导致的后果承担责任。有关生产经营单位应当按照规定提取和使用安全生产费用,专门用于改善安全生产条件。安全生产费用在成本中据实列支。安全生产费用提取、使用和监督管理的具体办法由国务院财政部门会同国务院应急管理部门征求国务院有关部门意见后制定。

(5)矿山、金属冶炼、建筑施工、运输单位和危险物品的生产、经营、储存、装卸单位,应当设置安全生产管理机构或者配备专职安全生产管理人员。

前述规定以外的其他生产经营单位,从业人员超过 100 人的,应当设置安全生产管理机构或者配备专职安全生产管理人员;从业人员在 100 人以下的,应当配备专职或者兼职的安全生产管理人员。

(6)生产经营单位的安全生产管理机构以及安全生产管理人员履行下列职责:①组织或者参与拟订本单位安全生产规章制度、操作规程和生产安全事故应急救援预案;②组织或者参与本单位安全生产教育和培训,如实记录安全生产教育和培训情况;③组织开展危险源辨识和评估,督促落实本单位重大危险源的安全管理措施;④组织或者参与本单位应急救援演练;⑤检查本单位的安全生产状况,及时排查生产安全事故隐患,提出改进安全生产管理的建议;⑥制止和纠正违章指挥、强令冒险作业、违反操作规程的行为;⑦督促落实本单位安全生产整改措施。

生产经营单位可以设置专职安全生产分管负责人,协助本单位主要负责人履行安全生产管理职责。

3 从业人员的安全生产权利和义务

(1)生产经营单位与从业人员订立的劳动合同,应当载明有关保障从业人员劳动安全、防止职业危害的事项,以及依法为从业人员办理工伤保险的事项。生产经营单位不得以任何形式与从业人员订立协议,免除或者减轻其对从业人员因生产安全事故伤亡依法应承担的责任。

(2)生产经营单位的从业人员有权了解其作业场所和工作岗位存在的危险因素、防范措施及事故应急措施,有权对本单位的安全生产工作提出建议。

(3)从业人员有权对本单位安全生产工作中存在的问题提出批评、检举、控告;有权拒绝违章指挥和强令冒险作业。生产经营单位不得因从业人员对本单位安全生产工作提出批评、检举、控告或者拒绝违章指挥、强令冒险作业而降低其工资、福利等待遇或者解除与其订立的劳动合同。

(4)从业人员发现直接危及人身安全的紧急情况时,有权停止作业或者在采取可能的应急措施后撤离作业场所。生产经营单位不得因从业人员在前述紧急情况下停止作业或者采取紧急撤离措施而降低其工资、福利等待遇或者解除与其订立的劳动合同。

(5)生产经营单位发生生产安全事故后,应当及时采取措施救治有关人员。

因生产安全事故受到损害的从业人员,除依法享有工伤保险外,依照有关民事法律尚有获得赔偿的权利的,有权提出赔偿要求。

(6)从业人员在作业过程中,应当严格落实岗位安全责任,遵守本单位的安全生产规章制度和操作规程,服从管理,正确佩戴和使用劳动防护用品。

(7)从业人员应当接受安全生产教育和培训,掌握本职工作所需的安全生产知识,提高安全生产技能,增强事故预防和应急处理能力。

(8)从业人员发现事故隐患或者其他不安全因素,应当立即向现场安全生产管理人员或者本单位负责人报告;接到报告的人员应当及时予以处理。

(9)工会有权对建设项目的安全设施与主体工程同时设计、同时施工、同时投入生产和使用进行监督,提出意见。工会对生产经营单位违反安全生产法律、法规,侵犯从业人员合法权益的行为,有权要求纠正;发现生产经营单位违章指挥、强令冒险作业或者发现事故隐患时,有权提出解决的建议,生产经营单位应当及时研究答复;发现危及从业人员生命安全的情况时,有权向生产经营单位建议组织从业人员撤离危险场所,生产经营单位必须立即作出处理。工会有权依法参加事故调查,向有关部门提出处理意见,并要求追究有关人员的责任。

4 安全生产的监督管理

(1)县级以上地方各级人民政府应当根据本行政区域内的安全生产状况,组织有关部门按照职责分工,对本行政区域内容易发生重大生产安全事故的生产经营单位进行严格检查。

应急管理部门应当按照分类分级监督管理的要求,制定安全生产年度监督检查计划,并按照年度监督检查计划进行监督检查,发现事故隐患,应当及时处理。

(2)负有安全生产监督管理职责的部门依照有关法律、法规的规定,对涉及安全生产的事项需要审查批准(包括批准、核准、许可、注册、认证、颁发证照等,下同)或者验收的,必须严格依照有关法律、法规和国家标准或者行业标准规定的安全生产条件和程序进行审查;不符合有关法律、法规和国家标准或者行业标准规定的安全生产条件的,不得批准或者验收通过。对未依法取得批准或者验收合格的单位擅自从事有关活动的,负责行政审批的部门发现或者接到举报后应当立即予以取缔,并依法予以处理。对已经依法取得批准的单位,负责行政审批的部门发现其不再具备安全生产条件的,应当撤销原批准。

(3)负有安全生产监督管理职责的部门对涉及安全生产的事项进行审查、验收,不得收取费用;不得要求接受审查、验收的单位购买其指定品牌或者指定生产、销售单位的安全设备、器材或者其他产品。

(4)应急管理部门和其他负有安全生产监督管理职责的部门依法开展安全生产行政执法工作,对生产经营单位执行有关安全生产的法律、法规和国家标准或者行业标准的情况进行监督检查,行使以下职权:①进入生产经营单位进行检查,调阅有关资料,向有关单位和人员了解情况;②对检查中发现的安全生产违法行为,当场予以纠正或者要求限期改正;对依法应当给予行政处罚的行为,依照本法和其他有关法律、行政法规的规定作出行政处罚决定;③对检查中发现的事故隐患,应当责令立即排除;重大事故隐患排除前或者排除过程中无法保证安全的,应当责令从危险区域内撤出作业人员，责令暂时停产停业或者停止使用相关设施、设备；重大事故隐患排除后，经审查同意，方可恢复生产经营和使用；④对有根据认为不符合保障安全生产的国家标准或者行业标准的设施、设备、器材以及违法生产、储存、使用、经营、运输的危险物品予以查封或者扣押，对违法生产、储存、使用、经营危险物品的作业场所予以查封，并依法作出处理决定。

监督检查不得影响被检查单位的正常生产经营活动。

5 生产安全事故的应急救援与调查处理

（1）国家加强生产安全事故应急能力建设，在重点行业、领域建立应急救援基地和应急救援队伍，并由国家安全生产应急救援机构统一协调指挥；鼓励生产经营单位和其他社会力量建立应急救援队伍，配备相应的应急救援装备和物资，提高应急救援的专业化水平。

国务院应急管理部门牵头建立全国统一的生产安全事故应急救援信息系统，国务院交通运输、住房和城乡建设、水利、民航等有关部门和县级以上地方人民政府建立健全相关行业、领域、地区的生产安全事故应急救援信息系统，实现互联互通、信息共享，通过推行网上安全信息采集、安全监管和监测预警，提升监管的精准化、智能化水平。

（2）县级以上地方各级人民政府应当组织有关部门制定本行政区域内生产安全事故应急救援预案，建立应急救援体系。

乡镇人民政府和街道办事处，以及开发区、工业园区、港区、风景区等应当制定相应的生产安全事故应急救援预案，协助人民政府有关部门或者按照授权依法履行生产安全事故应急救援工作职责。

(3)生产经营单位应当制定本单位生产安全事故应急救援预案,与所在地县级以上地方人民政府组织制定的生产安全事故应急救援预案相衔接,并定期组织演练。

(4)生产经营单位发生生产安全事故后,事故现场有关人员应当立即报告本单位负责人。

单位负责人接到事故报告后,应当迅速采取有效措施,组织抢救,防止事故扩大,减少人员伤亡和财产损失,并按照国家有关规定立即如实报告当地负有安全生产监督管理职责的部门,不得隐瞒不报、谎报或者迟报,不得故意破坏事故现场、毁灭有关证据。

(5)负有安全生产监督管理职责的部门接到事故报告后,应当立即按照国家有关规定上报事故情况。负有安全生产监督管理职责的部门和有关地方人民政府对事故情况不得隐瞒不报、谎报或者迟报。

(6)有关地方人民政府和负有安全生产监督管理职责的部门的负责人接到生产安全事故报告后,应当按照生产安全事故应急救援预案的要求立即赶到事故现场,组织事故抢救。

参与事故抢救的部门和单位应当服从统一指挥,加强协同联动,采取有效的应急救援措施,并根据事故救援的需要采取警戒、疏散等措施,防止事故扩大和次生灾害的发生,减少人员伤亡和财产损失。

事故抢救过程中应当采取必要措施,避免或者减少对环境造成的危害。

任何单位和个人都应当支持、配合事故抢救，并提供一切便利条件。

6 职业病及其防治

（1）职业病，是指企业、事业单位和个体经济组织等用人单位的劳动者在职业活动中，因接触粉尘、放射性物质和其他有毒、有害因素而引起的疾病。

职业病防治工作坚持预防为主、防治结合的方针，建立用人单位负责、行政机关监管、行业自律、职工参与和社会监督的机制，实行分类管理、综合治理。

（2）劳动者依法享有职业卫生保护的权利。用人单位应当为劳动者创造符合国家职业卫生标准和卫生要求的工作环境和条件，并采取措施保障劳动者获得职业卫生保护。工会组织依法对职业病防治工作进行监督，维护劳动者的合法权益。用人单位制定或者修改有关职业病防治的规章制度，应当听取工会组织的意见。

（3）用人单位应当建立、健全职业病防治责任制，加强对职业病防治的管理，提高职业病防治水平，对本单位产生的职业病危害承担责任。

（4）用人单位的主要负责人对本单位的职业病防治工作全面负责。用人单位必须依法参加工伤保险。国务院和县级以上地方人民政府劳动保障行政部门应当加强对工伤保险的监督管理，确保劳动者依法享受工伤保险待遇。

（5）国家鼓励和支持研制、开发、推广、应用有利于职业病防治和保护劳动者健康的新技术、新工艺、新设备、新材料，加强对职业病的机理和发生规律的基础研究，提高职业病防治科学技术水平；积极采用有效的职业病防治技术、工艺、设备、材料；限制使用或者淘汰职业病危害严重的技术、工艺、设备、材料。国家鼓励和支持职业病医疗康复机构的建设。

(6)国家实行职业卫生监督制度。国务院卫生健康行政部门、劳动保障行政部门依照《职业病防治法》和国务院确定的职责，负责全国职业病防治的监督管理工作。国务院有关部门在各自的职责范围内负责职业病防治的有关监督管理工作。县级以上地方人民政府卫生健康行政部门、劳动保障行政部门依据各自职责，负责本行政区域内职业病防治的监督管理工作。县级以上地方人民政府有关部门在各自的职责范围内负责职业病防治的有关监督管理工作。县级以上人民政府卫生健康行政部门、劳动保障行政部门应当加强沟通，密切配合，按照各自职责分工，依法行使职权，承担责任。

7 职业病前期预防

(1)用人单位应当依照法律、法规要求，严格遵守国家职业卫生标准，落实职业病预防措施，从源头上控制和消除职业病危害。

(2)产生职业病危害的用人单位的设立除应当符合法律、行政法规规定的设立条件外，其工作场所还应当符合下列职业卫生要求：①职业病危害因素的强度或者浓度符合国家职业卫生标准；②有与职业病危害防护相适应的设施；③生产布局合理，符合有害与无害作业分开的原则；④有配套的更衣间、洗浴间、孕妇休息间等卫生设施；⑤设备、工具、用具等设施符合保护劳动者生理、心理健康的要求；⑥法律、行政法规和国务院卫生健康行政部门关于保护劳动者健康的其他要求。

（3）国家建立职业病危害项目申报制度。用人单位工作场所存在职业病目录所列职业病的危害因素的，应当及时、如实向所在地卫生行政部门申报危害项目，接受监督。职业病危害因素分类目录由国务院卫生健康行政部门制定、调整并公布。职业病危害项目申报的具体办法由国务院卫生健康行政部门制定。

（4）新建、扩建、改建建设项目和技术改造、技术引进项目（以下统称建设项目）可能产生职业病危害的，建设单位在可行性论证阶段应当进行职业病危害预评价。医疗机构建设项目可能产生放射性职业病危害的，建设单位应当向卫生行政部门提交放射性职业病危害预评价报告。卫生行政部门应当自收到预评价报告之日起30日内，作出审核决定并书面通知建设单位。未提交预评价报告或者预评价报告未经卫生行政部门审核同意的，不得开工建设。职业病危害预评价报告应当对建设项目可能产生的职业病危害因素及其对工作场所和劳动者健康的影响作出评价，确定危害类别和职业病防护措施。建设项目职业病危害分类管理办法由国务院卫生健康行政部门制定。

（5）建设项目的职业病防护设施所需费用应当纳入建设项目工程预算，并与主体工程同时设计、同时施工、同时投入生产和使用。建设项目的职业病防护设施设计应当符合国家职业卫生标准和卫生要求；其中，医疗机构放射性职业病危害严重的建设项目的防护设施设计，应当经卫生行政部门审查同意后，方可施工。建设项目在竣工验收前，建设单位应当进行职业病危害控制效果评价。医疗机构可能产生放射性职业病危害的建设项目竣工验收时，其放射性职业病防护设施经卫生行政部门验收合格后，方可投入使用；其他建设项目的职业病防护设施应当由建设单位负责依法组织验收，验收合格后，方可投入生产和使用。卫生行政部门应当加强对建设单位组织的验收活动和验收结果的监督核查。

（6）国家对从事放射性、高毒、高危粉尘等作业实行特殊管理。具体管理办法由国务院制定。

8 劳动过程中的防护与管理

（1）用人单位应当采取下列职业病防治管理措施：①设置或者指定职业卫生管理机构或者组织，配备专职或者兼职的职业卫生管理人员，负责本单位的职业病防治工作；②制订职业病防治计划和实施方案；③建立、健全职业卫生管理制度和操作规程；④建立、健全职业卫生档案和劳动者健康监护档案；⑤建立、健全工作场所职业病危害因素监测及评价制度；⑥建立、健全职业病危害事故应急救援预案。

（2）用人单位应当保障职业病防治所需的资金投入，不得挤占、挪用，并对因资金投入不足导致的后果承担责任。

（3）用人单位必须采用有效的职业病防护设施，并为劳动者提供个人使用的职业病防护用品。用人单位为劳动者个人提供的职业病防护用品必须符合防治职业病的要求；不符合要求的，不得使用。

（4）用人单位应当优先采用有利于防治职业病和保护劳动者

健康的新技术、新工艺、新设备、新材料，逐步替代职业病危害严重的技术、工艺、设备、材料。

(5)产生职业病危害的用人单位，应当在醒目位置设置公告栏，公布有关职业病防治的规章制度、操作规程、职业病危害事故应急救援措施和工作场所职业病危害因素检测结果。对产生严重职业病危害的作业岗位，应当在其醒目位置，设置警示标识和中文警示说明。警示说明应当载明产生职业病危害的种类、后果、预防以及应急救治措施等内容。

(6)对可能发生急性职业损伤的有毒、有害工作场所，用人单位应当设置报警装置，配置现场急救用品、冲洗设备、应急撤离通道和必要的泄险区。

对放射工作场所和放射性同位素的运输、贮存，用人单位必须配置防护设备和报警装置，保证接触放射线的工作人员佩戴个人剂量计。

对职业病防护设备、应急救援设施和个人使用的职业病防护用品，用人单位应当进行经常性的维护、检修，定期检测其性能和效果，确保其处于正常状态，不得擅自拆除或者停止使用。

9 职业病危害因素日常监测

(1)用人单位应当实施由专人负责的职业病危害因素日常监测，并确保监测系统处于正常运行状态。

(2)用人单位应当按照国务院卫生行政部门的规定，定期对工作场所进行职业病危害因素检测、评价。检测、评价结果存入用人单位职业卫生档案，定期向所在地卫生健康行政部门报告并向劳动者公布。

(3)职业病危害因素检测、评价由依法设立的取得国务院卫生健康行政部门或者设区的市级以上地方人民政府卫生健康行政部门按照职责分工给予资质认可的职业卫生技术服务机构进行。职业卫生技术服务机构所作检测、评价应当客观、真实。

(4)发现工作场所职业病危害因素不符合国家职业卫生标准和卫生要求时,用人单位应当立即采取相应治理措施,仍然达不到国家职业卫生标准和卫生要求的,必须停止存在职业病危害因素的作业;职业病危害因素经治理后,符合国家职业卫生标准和卫生要求的,方可重新作业。

(5)职业卫生技术服务机构依法从事职业病危害因素检测、评价工作,接受卫生行政部门的监督检查。卫生行政部门应当依法履行监督职责。

10 职业卫生培训

用人单位的主要负责人和职业卫生管理人员应当接受职业卫生培训,遵守职业病防治法律、法规,依法组织本单位的职业病防治工作。

用人单位应当对劳动者进行上岗前的职业卫生培训和在岗期间的定期职业卫生培训,普及职业卫生知识,督促劳动者遵守职业病防治法律、法规、规章和操作规程,指导劳动者正确使用职业病防护设备和个人使用的职业病防护用品。

劳动者应当学习和掌握相关的职业卫生知识,增强职业病防范意识,遵守职业病防治法律、法规、规章和操作规程,正确使用、维护职业病防护设备和个人使用的职业病防护用品,发现职业病危害事故隐患应当及时报告。

劳动者不履行前述规定义务的,用人单位应当对其进行教育。

11 职业健康检查和档案

(1)对从事接触职业病危害的作业的劳动者,用人单位应当按照国务院卫生健康行政部门的规定组织上岗前、在岗期间和离岗时的职业健康检查,并将检查结果书面告知劳动者。职业健康检查费用由用人单位承担。

用人单位不得安排未经上岗前职业健康检查的劳动者从事接触职业病危害的作业;不得安排有职业禁忌的劳动者从事其所禁忌的作业;对在职业健康检查中发现有与所从事的职业相关的健康损害的劳动者,应当调离原工作岗位,并妥善安置;对未进行离岗前职业健康检查的劳动者不得解除或者终止与其订立的劳动合同。

职业健康检查应当由取得《医疗机构执业许可证》的医疗卫生机构承担。卫生行政部门应当加强对职业健康检查工作的规范管理,具体管理办法由国务院卫生健康行政部门制定。

(2)用人单位应当为劳动者建立职业健康监护档案,并按照规定的期限妥善保存。

职业健康监护档案应当包括劳动者的职业史、职业病危害接触史、职业健康检查结果和职业病诊疗等有关个人健康资料。

劳动者离开用人单位时,有权索取本人职业健康监护档案复印件,用人单位应当如实、无偿提供,并在所提供的复印件上签章。

12 劳动者享有的职业卫生保护权利

(1)劳动者享有下列职业卫生保护权利:①获得职业卫生教育、培训;②获得职业健康检查、职业病诊疗、康复等职业病防治服务;③了解工作场所产生或者可能产生的职业病危害因素、危害后果和应当采取的职业病防护措施;④要求用人单位提供符合防治职业病要求的职业病防护设施和个人使用的职业病防护用品,改善工作条件;⑤对违反职业病防治法律、法规以及危及生命健康的行为提出批评、检举和控告;⑥拒绝违章指挥和强令进行没有职业病防护措施的作业;⑦参与用人单位职业卫生工作的民主管理,对职业病防治工作提出意见和建议。

用人单位应当保障劳动者行使上述权利。因劳动者依法行使正当权利而降低其工资、福利等待遇或者解除、终止与其订立的劳动合同的,其行为无效。

(2)工会组织应当督促并协助用人单位开展职业卫生宣传教育和培训,有权对用人单位的职业病防治工作提出意见和建议,依法代表劳动者与用人单位签订劳动安全卫生专项集体合同,与用人单位就劳动者反映的有关职业病防治的问题进行协调并督促解决。

工会组织对用人单位违反职业病防治法律、法规,侵犯劳动者合法权益的行为,有权要求纠正;产生严重职业病危害时,有权要求采取防护措施,或者向政府有关部门建议采取强制性措施;

发生职业病危害事故时,有权参与事故调查处理;发现危及劳动者生命健康的情形时,有权向用人单位建议组织劳动者撤离危险现场,用人单位应当立即作出处理。

13 女职工和未成年工特殊保护

(1)国家对女职工和未成年工实行特殊劳动保护。未成年工是指年满16周岁未满18周岁的劳动者。

(2)禁止安排女职工从事矿山井下、国家规定的第四级体力劳动强度的劳动和其他禁忌从事的劳动。

不得安排女职工在经期从事高处、低温、冷水作业和国家规定的第三级体力劳动强度的劳动。

不得安排女职工在怀孕期间从事国家规定的第三级体力劳动强度的劳动和孕期禁忌从事的劳动。对怀孕7个月以上的女职工,不得安排其延长工作时间和夜班劳动。

女职工生育享受不少于90天的产假。

不得安排女职工在哺乳未满1周岁的婴儿期间从事国家规定的第三级体力劳动强度的劳动和哺乳期禁忌从事的其他劳动,不得安排其延长工作时间和夜班劳动。

(3)不得安排未成年工从事矿山井下、有毒有害、国家规定的第四级体力劳动强度的劳动和其他禁忌从事的劳动。

用人单位应当对未成年工定期进行健康检查。

（五）劳动监察

1 监督检查

（1）县级以上各级人民政府劳动行政部门依法对用人单位遵守劳动法律、法规的情况进行监督检查，对违反劳动法律、法规的行为有权制止，并责令改正。

（2）县级以上各级人民政府劳动行政部门监督检查人员执行公务，有权进入用人单位了解执行劳动法律、法规的情况，查阅必要的资料，并对劳动场所进行检查。县级以上各级人民政府劳动行政部门监督检查人员执行公务，必须出示证件，秉公执法并遵守有关规定。

（3）县级以上各级人民政府有关部门在各自职责范围内，对用人单位遵守劳动法律、法规的情况进行监督。

（4）各级工会依法维护劳动者的合法权益，对用人单位遵守劳动法律、法规的情况进行监督。任何组织和个人对于违反劳动法律、法规的行为有权检举和控告。

2 劳动保障监察职责和事项

（1）劳动保障行政部门实施劳动保障监察，履行下列职责：①宣传劳动保障法律、法规和规章，督促用人单位贯彻执行；②检查用人单位遵守劳动保障法律、法规和规章的情况；③受理对违反劳动保障法律、法规或者规章的行为的举报、投诉；④依法纠正和查处违反劳动保障法律、法规或者规章的行为。

(2)劳动保障行政部门对下列事项实施劳动保障监察:①用人单位制定内部劳动保障规章制度的情况;②用人单位与劳动者订立劳动合同的情况;③用人单位遵守禁止使用童工规定的情况;④用人单位遵守女职工和未成年工特殊劳动保护规定的情况;⑤用人单位遵守工作时间和休息休假规定的情况;⑥用人单位支付劳动者工资和执行最低工资标准的情况;⑦用人单位参加各项社会保险和缴纳社会保险费的情况;⑧职业介绍机构、职业技能培训机构和职业技能考核鉴定机构遵守国家有关职业介绍、职业技能培训和职业技能考核鉴定的规定的情况;⑨法律、法规规定的其他劳动保障监察事项。

(3)劳动保障监察员依法履行劳动保障监察职责,受法律保护。劳动保障监察员应当忠于职守,秉公执法,勤政廉洁,保守秘密。任何组织或者个人对劳动保障监察员的违法违纪行为,有权向劳动保障行政部门或者有关机关检举、控告。

3 劳动保障监察的实施

(1)对用人单位的劳动保障监察,由用人单位用工所在地的县级或者设区的市级劳动保障行政部门管辖。

上级劳动保障行政部门根据工作需要,可以调查处理下级劳动保障行政部门管辖的案件。劳动保障行政部门对劳动保障监察管辖发生争议的,报请共同的上一级劳动保障行政部门指定管辖。

省、自治区、直辖市人民政府可以对劳动保障监察的管辖制定具体办法。

(2)劳动保障监察以日常巡视检查、审查用人单位按照要求报送的书面材料以及接受举报投诉等形式进行。

劳动保障行政部门认为用人单位有违反劳动保障法律、法规或者规章的行为,需要进行调查处理的,应当及时立案。

劳动保障行政部门或者受委托实施劳动保障监察的组织应当设立举报、投诉信箱和电话。

对因违反劳动保障法律、法规或者规章的行为引起的群体性事件,劳动保障行政部门应当根据应急预案,迅速会同有关部门处理。

(3)劳动保障行政部门实施劳动保障监察,有权采取下列调查、检查措施:①进入用人单位的劳动场所进行检查;②就调查、检查事项询问有关人员;③要求用人单位提供与调查、检查事项相关的文件资料,并作出解释和说明,必要时可以发出调查询问书;④采取记录、录音、录像、照相或者复制等方式收集有关情况和资料;⑤委托会计师事务所对用人单位工资支付、缴纳社会保险费的情况进行审计;⑥法律、法规规定可以由劳动保障行政部门采取的其他调查、检查措施。

劳动保障行政部门对事实清楚、证据确凿、可以当场处理的违反劳动保障法律、法规或者规章的行为有权当场予以纠正。

(4)劳动保障监察员进行调查、检查,不得少于2人,并应当佩戴劳动保障监察标志、出示劳动保障监察证件。

劳动保障监察员办理的劳动保障监察事项与本人或者其近亲属有直接利害关系的,应当回避。

(5)劳动保障行政部门对违反劳动保障法律、法规或者规章的行为的调查,应当自立案之日起60个工作日内完成;对情况复杂的,经劳动保障行政部门负责人批准,可以延长30个工作日。

(6)劳动保障行政部门对违反劳动保障法律、法规或者规章的行为,根据调查、检查的结果,作出以下处理:①对依法应当受到行政处罚的,依法作出行政处罚决定;②对应当改正未改正的,依法责令改正或者作出相应的行政处理决定;③对情节轻微且已改正的,撤销立案。

发现违法案件不属于劳动保障监察事项的,应当及时移送有关部门处理;涉嫌犯罪的,应当依法移送司法机关。

(7)劳动保障行政部门对违反劳动保障法律、法规或者规章的行为作出行政处罚或者行政处理决定前,应当听取用人单位的陈述、申辩;作出行政处罚或者行政处理决定,应当告知用人单位依法享有申请行政复议或者提起行政诉讼的权利。

(8)违反劳动保障法律、法规或者规章的行为在2年内未被劳动保障行政部门发现,也未被举报、投诉的,劳动保障行政部门不再查处。

上述规定的期限,自违反劳动保障法律、法规或者规章的行为发生之日起计算。

(9)用人单位违反劳动保障法律、法规或者规章,对劳动者造成损害的,依法承担赔偿责任。劳动者与用人单位就赔偿发生争议的,依照国家有关劳动争议处理的规定处理。

对应当通过劳动争议处理程序解决的事项或者已经按照劳动争议处理程序申请调解、仲裁或者已经提起诉讼的事项,劳动保障行政部门应当告知投诉人依照劳动争议处理或者诉讼的程序办理。

(10)劳动保障行政部门应当建立用人单位劳动保障守法诚信档案。用人单位有重大违反劳动保障法律、法规或者规章的行为的,由有关的劳动保障行政部门向社会公布。

(六)劳动争议处理

1 劳动争议

(1)中华人民共和国境内的用人单位与劳动者发生的劳动争议包括:①因确认劳动关系发生的争议;②因订立、履行、变更、解除和终止劳动合同发生的争议;③因除名、辞退和辞职、离职发生的争议;④因工作时间、休息休假、社会保险、福利、培训以及劳动保护发生的争议;⑤因劳动报酬、工伤医疗费、经济补偿或者赔偿金等发生的争议;⑥法律、法规规定的其他劳动争议。

(2)解决劳动争议,应当根据事实,遵循合法、公正、及时、着重调解的原则,依法保护当事人的合法权益。

(3)用人单位与劳动者发生劳动争议,当事人可以依法申请调解、仲裁、提起诉讼,也可以协商解决。调解原则适用于仲裁和诉讼程序。

(4)发生劳动争议,劳动者可以与用人单位协商,也可以请工会或者第三方共同与用人单位协商,达成和解协议。

(5)发生劳动争议,当事人不愿协商、协商不成或者达成和解协议后不履行的,可以向调解组织申请调解;不愿调解、调解不成或者达成调解协议后不履行的,可以向劳动争议仲裁委员会申请仲裁;对仲裁裁决不服的,除《劳动争议调解仲裁法》另有规定的外，可以向人民法院提起诉讼。

(6)发生劳动争议，当事人对自己提出的主张，有责任提供证据。与争议事项有关的证据属于用人单位掌握管理的，用人单位应当提供；用人单位不提供的，应当承担不利后果。

(7)发生劳动争议的劳动者一方在10人以上，并有共同请求的，可以推举代表参加调解、仲裁或者诉讼活动。

(8)县级以上人民政府劳动行政部门会同工会和企业方面代表建立协调劳动关系三方机制，共同研究解决劳动争议的重大问题。

2 劳动争议调解

(1)发生劳动争议，当事人可以到下列调解组织申请调解：①企业劳动争议调解委员会；②依法设立的基层人民调解组织；③在乡镇、街道设立的具有劳动争议调解职能的组织。

企业劳动争议调解委员会由职工代表和企业代表组成。职工代表由工会成员担任或者由全体职工推举产生，企业代表由企业负责人指定。企业劳动争议调解委员会主任由工会成员或者双方推举的人员担任。

(2)劳动争议调解组织的调解员应当由公道正派、联系群众、热心调解工作，并具有一定法律知识、政策水平和文化水平的成年公民担任。

(3)当事人申请劳动争议调解可以书面申请，也可以口头申请。口头申请的，调解组织应当当场记录申请人基本情况、申请调解的争议事项、理由和时间。

(4)调解劳动争议,应当充分听取双方当事人对事实和理由的陈述,耐心疏导,帮助其达成协议。

(5)经调解达成协议的,应当制作调解协议书。调解协议书由双方当事人签名或者盖章,经调解员签名并加盖调解组织印章后生效,对双方当事人具有约束力,当事人应当履行。自劳动争议调解组织收到调解申请之日起15日内未达成调解协议的,当事人可以依法申请仲裁。

(6)达成调解协议后,一方当事人在协议约定期限内不履行调解协议的,另一方当事人可以依法申请仲裁。

(7)因支付拖欠劳动报酬、工伤医疗费、经济补偿或者赔偿金事项达成调解协议,用人单位在协议约定期限内不履行的,劳动者可以持调解协议书依法向人民法院申请支付令。人民法院应当依法发出支付令。

3 劳动争议仲裁

(1)劳动争议仲裁委员会按照统筹规划、合理布局和适应实际需要的原则设立。省、自治区人民政府可以决定在市、县设立;直辖市人民政府可以决定在区、县设立。直辖市、设区的市也可以设立1个或者若干个劳动争议仲裁委员会。劳动争议仲裁委员会不按行政区划层层设立。

(2)国务院劳动行政部门依照《劳动争议调解仲裁法》有关规定制定仲裁规则。省、自治区、直辖市人民政府劳动行政部门对本行政区域的劳动争议仲裁工作进行指导。

(3)劳动争议仲裁委员会由劳动行政部门代表、工会代表和企业方面代表组成。劳动争议仲裁委员会组成人员应当是单数。

劳动争议仲裁委员会依法履行下列职责：①聘任、解聘专职或者兼职仲裁员；②受理劳动争议案件；③讨论重大或者疑难的劳动争议案件；④对仲裁活动进行监督。劳动争议仲裁委员会下设办事机构，负责办理劳动争议仲裁委员会的日常工作。

（4）劳动争议仲裁委员会应当设仲裁员名册。仲裁员应当公道正派并符合下列条件之一：①曾任审判员的；②从事法律研究、教学工作并具有中级以上职称的；③具有法律知识、从事人力资源管理或者工会等专业工作满5年的；④律师执业满3年的。

（5）劳动争议仲裁委员会负责管辖本区域内发生的劳动争议。劳动争议由劳动合同履行地或者用人单位所在地的劳动争议仲裁委员会管辖。双方当事人分别向劳动合同履行地和用人单位所在地的劳动争议仲裁委员会申请仲裁的，由劳动合同履行地的劳动争议仲裁委员会管辖。

（6）发生劳动争议的劳动者和用人单位为劳动争议仲裁案件的双方当事人。劳务派遣单位或者用工单位与劳动者发生劳动争议的，劳务派遣单位和用工单位为共同当事人。

（7）与劳动争议案件的处理结果有利害关系的第三人，可以申请参加仲裁活动或者由劳动争议仲裁委员会通知其参加仲裁活动。

（8）当事人可以委托代理人参加仲裁活动。委托他人参加仲裁活动，应当向劳动争议仲裁委员会提交有委托人签名或者盖章的委托书，委托书应当载明委托事项和权限。

（9）丧失或者部分丧失民事行为能力的劳动者，由其法定代理人代为参加仲裁活动；无法定代理人的，由劳动争议仲裁委员会为其指定代理人。劳动者死亡的,由其近亲属或者代理人参加仲裁活动。

(10)劳动争议仲裁公开进行,但当事人协议不公开进行或者涉及国家秘密、商业秘密和个人隐私的除外。

4 劳动争议仲裁的申请和受理

(1)劳动争议申请仲裁的时效期间为1年。仲裁时效期间从当事人知道或者应当知道其权利被侵害之日起计算。

仲裁时效因当事人一方向对方当事人主张权利,或者向有关部门请求权利救济,或者对方当事人同意履行义务而中断。从中断时起,仲裁时效期间重新计算。

因不可抗力或者有其他正当理由,当事人不能在1年的仲裁时效期间申请仲裁的,仲裁时效中止。从中止时效的原因消除之日起,仲裁时效期间继续计算。

劳动关系存续期间因拖欠劳动报酬发生争议的,劳动者申请仲裁不受本条1年的仲裁时效期间的限制;但是,劳动关系终止的,应当自劳动关系终止之日起1年内提出。

(2)申请人申请仲裁应当提交书面仲裁申请,并按照被申请人人数提交副本。仲裁申请书应当载明下列事项:①劳动者的姓名、性别、年龄、职业、工作单位和住所,用人单位的名称、住所和法定代表人或者主要负责人的姓名、职务;②仲裁请求和所根据的事实、理由;③证据和证据来源、证人姓名和住所。书写仲裁申请确有困难的,可以口头申请,由劳动争议仲裁委员会记入笔录,并告知对方当事人。

(3)劳动争议仲裁委员会收到仲裁申请之日起5日内,认为符合受理条件的,应当受理,并通知申请人;认为不符合受理条件的,应当书面通知申请人不予受理,并说明理由。对劳动争议仲裁委员会不予受理或者逾期未作出决定的,申请人可以就该劳动争议事项向人民法院提起诉讼。

(4)劳动争议仲裁委员会受理仲裁申请后,应当在5日内将仲裁申请书副本送达被申请人。被申请人收到仲裁申请书副本后,应当在10日内向劳动争议仲裁委员会提交答辩书。劳动争议仲裁委员会收到答辩书后,应当在5日内将答辩书副本送达申请人。被申请人未提交答辩书的,不影响仲裁程序的进行。

5 劳动争议仲裁的开庭

(1)劳动争议仲裁委员会裁决劳动争议案件实行仲裁庭制。仲裁庭由3名仲裁员组成,设首席仲裁员。简单劳动争议案件可以由1名仲裁员独任仲裁。

(2)劳动争议仲裁委员会应当在受理仲裁申请之日起5日内将仲裁庭的组成情况书面通知当事人。

(3)仲裁员有下列情形之一,应当回避,当事人也有权以口头或者书面方式提出回避申请:①是本案当事人或者当事人、代理人的近亲属的;②与本案有利害关系的;③与本案当事人、代理人有其他关系,可能影响公正裁决的;④私自会见当事人、代理人,或者接受当事人、代理人的请客送礼的。劳动争议仲裁委员会对回避申请应当及时作出决定,并以口头或者书面方式通知当事人。

(4)仲裁员有《劳动争议调解仲裁法》第 33 条第 4 项规定情形,或者有索贿受贿、徇私舞弊、枉法裁决行为的,应当依法承担法律责任。劳动争议仲裁委员会应当将其解聘。

(5)仲裁庭应当在开庭 5 日前,将开庭日期、地点书面通知双方当事人。当事人有正当理由的,可以在开庭 3 日前请求延期开庭。是否延期,由劳动争议仲裁委员会决定。

(6)申请人收到书面通知,无正当理由拒不到庭或者未经仲裁庭同意中途退庭的,可以视为撤回仲裁申请。被申请人收到书面通知,无正当理由拒不到庭或者未经仲裁庭同意中途退庭的,可以缺席裁决。

(7)仲裁庭对专门性问题认为需要鉴定的,可以交由当事人约定的鉴定机构鉴定;当事人没有约定或者无法达成约定的,由仲裁庭指定的鉴定机构鉴定。根据当事人的请求或者仲裁庭的要求,鉴定机构应当派鉴定人参加开庭。当事人经仲裁庭许可,可以向鉴定人提问。

(8)当事人在仲裁过程中有权进行质证和辩论。质证和辩论终结时,首席仲裁员或者独任仲裁员应当征询当事人的最后意见。

(9)当事人提供的证据经查证属实的,仲裁庭应当将其作为认定事实的根据。劳动者无法提供由用人单位掌握管理的与仲裁请求有关的证据,仲裁庭可以要求用人单位在指定期限内提供。用人单位在指定期限内不提供的,应当承担不利后果。

(10)仲裁庭应当将开庭情况记入笔录。当事人和其他仲裁参加人认为对自己陈述的记录有遗漏或者差错的,有权申请补正。如果不予补正,应当记录该申请。笔录由仲裁员、记录人员、当事人和其他仲裁参加人签名或者盖章。

（11）当事人申请劳动争议仲裁后，可以自行和解。达成和解协议的，可以撤回仲裁申请。

6 劳动争议仲裁的裁决

（1）仲裁庭在作出裁决前，应当先行调解。调解达成协议的，仲裁庭应当制作调解书。调解书应当写明仲裁请求和当事人协议的结果。调解书由仲裁员签名，加盖劳动争议仲裁委员会印章，送达双方当事人。调解书经双方当事人签收后，发生法律效力。调解不成或者调解书送达前，一方当事人反悔的，仲裁庭应当及时作出裁决。

（2）仲裁庭裁决劳动争议案件，应当自劳动争议仲裁委员会受理仲裁申请之日起45日内结束。案情复杂需要延期的，经劳动争议仲裁委员会主任批准，可以延期并书面通知当事人，但是延长期限不得超过15日。逾期未作出仲裁裁决的，当事人可以就该劳动争议事项向人民法院提起诉讼。仲裁庭裁决劳动争议案件时，其中一部分事实已经清楚，可以就该部分先行裁决。

（3）仲裁庭对追索劳动报酬、工伤医疗费、经济补偿或者赔偿金的案件，根据当事人的申请，可以裁决先予执行，移送人民法院执行。仲裁庭裁决先予执行的，应当符合下列条件：①当事人之间权利义务关系明确；②不先予执行将严重影响申请人的生活。

（4）裁决应当按照多数仲裁员的意见作出，少数仲裁员的不同意见应当记入笔录。仲裁庭不能形成多数意见时，裁决应当按照首席仲裁员的意见作出。

（5）裁决书应当载明仲裁请求、争议事实、裁决理由、裁决结果和裁决日期。裁决书由仲裁员签名,加盖劳动争议仲裁委员会印章。对裁决持不同意见的仲裁员,可以签名,也可以不签名。

(6)下列劳动争议,除《劳动争议调解仲裁法》另有规定的外,仲裁裁决为终局裁决,裁决书自作出之日起发生法律效力:①追索劳动报酬、工伤医疗费、经济补偿或者赔偿金,不超过当地月最低工资标准12个月金额的争议;②因执行国家的劳动标准在工作时间、休息休假、社会保险等方面发生的争议。

(7)劳动者对《劳动争议调解仲裁法》第47条规定的仲裁裁决不服的,可以自收到仲裁裁决书之日起15日内向人民法院提起诉讼。

(8)用人单位有证据证明《劳动争议调解仲裁法》第47条规定的仲裁裁决有下列情形之一,可以自收到仲裁裁决书之日起30日内向劳动争议仲裁委员会所在地的中级人民法院申请撤销裁决:①适用法律、法规确有错误的;②劳动争议仲裁委员会无管辖权的;③违反法定程序的;④裁决所根据的证据是伪造的;⑤对方当事人隐瞒了足以影响公正裁决的证据的;⑥仲裁员在仲裁该案时有索贿受贿、徇私舞弊、枉法裁决行为的。

人民法院经组成合议庭审查核实裁决有前述规定情形之一的,应当裁定撤销。仲裁裁决被人民法院裁定撤销的,当事人可以自收到裁定书之日起15日内就该劳动争议事项向人民法院提起诉讼。

(9)当事人对《劳动争议调解仲裁法》第47条规定以外的其他劳动争议案件的仲裁裁决不服的,可以自收到仲裁裁决书之日起15日内向人民法院提起诉讼;期满不起诉的,裁决书发生法律效力。

(10)当事人对发生法律效力的调解书、裁决书,应当依照规定的期限履行。一方当事人逾期不履行的,另一方当事人可以依照民事诉讼法的有关规定向人民法院申请执行。受理申请的人民法院应当依法执行。

(七)养 老 保 险

1 社会保险和福利

(1)国家发展社会保险事业,建立基本养老保险、基本医疗保险、工伤保险、失业保险、生育保险等社会保险制度,设立社会保险基金,使劳动者在年老、患病、工伤、失业、生育等情况下获得帮助和补偿。

(2)社会保险制度坚持广覆盖、保基本、多层次、可持续的方针,社会保险水平应当与经济社会发展水平相适应。社会保险水平应当与社会经济发展水平和社会承受能力相适应。

(3)社会保险基金按照保险类型确定资金来源,逐步实行社会统筹。用人单位和劳动者必须依法参加社会保险,缴纳社会保险费。

(4)劳动者在下列情形下,依法享受社会保险待遇:①退休;②患病、负伤;③因工伤残或者患职业病;④失业;⑤生育。

劳动者死亡后,其遗属依法享受遗属津贴。劳动者享受社会保险待遇的条件和标准由法律、法规规定。劳动者享受的社会保险金必须按时足额支付。

(5)国家鼓励用人单位根据本单位实际情况为劳动者建立补

充保险。国家提倡劳动者个人进行储蓄性保险。

(6)国家发展社会福利事业,兴建公共福利设施,为劳动者休息、休养和疗养提供条件。用人单位应当创造条件,改善集体福利,提高劳动者的待遇。

(7)中华人民共和国境内的用人单位和个人依法缴纳社会保险费,有权查询缴费记录、个人权益记录,要求社会保险经办机构提供社会保险咨询等相关服务。个人依法享受社会保险待遇,有权监督本单位为其缴费情况。

(8)国务院社会保险行政部门负责全国的社会保险管理工作,国务院其他有关部门在各自的职责范围内负责有关的社会保险工作。县级以上地方人民政府社会保险行政部门负责本行政区域的社会保险管理工作,县级以上地方人民政府其他有关部门在各自的职责范围内负责有关的社会保险工作。

2 社会保险基金

(1)社会保险基金包括基本养老保险基金、基本医疗保险基金、工伤保险基金、失业保险基金和生育保险基金。除基本医疗保险基金与生育保险基金合并建账及核算外,其他各项社会保险基金按照社会保险险种分别建账,分账核算。社会保险基金执行国家统一的会计制度。社会保险基金专款专用,任何组织和个人不得侵占或者挪用。基本养老保险基金逐步实行全国统筹,其他社会保险基金逐步实行省级统筹,具体时间、步骤由国务院规定。

(2)社会保险基金通过预算实现收支平衡。县级以上人民政府在社会保险基金出现支付不足时,给予补贴。

(3)社会保险基金按照统筹层次设立预算。除基本医疗保险基金与生育保险基金预算合并编制外,其他社会保险基金预算按照社会保险项目分别编制。

(4)社会保险基金预算、决算草案的编制、审核和批准,依照法律和国务院规定执行。

(5)社会保险基金存入财政专户,具体管理办法由国务院规定。

(6)社会保险基金在保证安全的前提下,按照国务院规定投资运营实现保值增值。社会保险基金不得违规投资运营,不得用于平衡其他政府预算,不得用于兴建、改建办公场所和支付人员经费、运行费用、管理费用,或者违反法律、行政法规规定挪作其他用途。

(7)社会保险基金经办机构依照法律规定收支、管理和运营社会保险基金,并负有使社会保险基金保值增值的责任。社会保险基金监督机构依照法律规定,对社会保险基金的收支、管理和运营实施监督。社会保险基金经办机构和社会保险基金监督机构的设立和职能由法律规定。任何组织和个人不得挪用社会保险基金。

国家对社会保险基金实行严格监管。国务院和省、自治区、直辖市人民政府建立健全社会保险基金监督管理制度,保障社会保险基金安全、有效运行。县级以上人民政府采取措施,鼓励和支持社会各方面参与社会保险基金的监督。

社会保险经办机构应当定期向社会公布参加社会保险情况以及社会保险基金的收入、支出、结余和收益情况。

3 基本养老保险

（1）职工应当参加基本养老保险，由用人单位和职工共同缴纳基本养老保险费。无雇工的个体工商户、未在用人单位参加基本养老保险的非全日制从业人员以及其他灵活就业人员可以参加基本养老保险，由个人缴纳基本养老保险费。公务员和参照公务员法管理的工作人员养老保险的办法由国务院规定。

（2）基本养老保险实行社会统筹与个人账户相结合。基本养老保险基金由用人单位和个人缴费以及政府补贴等组成。

（3）用人单位应当按照国家规定的本单位职工工资总额的比例缴纳基本养老保险费，记入基本养老保险统筹基金。职工应当按照国家规定的本人工资的比例缴纳基本养老保险费，记入个人账户。无雇工的个体工商户、未在用人单位参加基本养老保险的非全日制从业人员以及其他灵活就业人员参加基本养老保险的，应当按照国家规定缴纳基本养老保险费，分别记入基本养老保险统筹基金和个人账户。

（4）国有企业、事业单位职工参加基本养老保险前，视同缴费年限期间应当缴纳的基本养老保险费由政府承担。基本养老保险基金出现支付不足时，政府给予补贴。

（5）基本养老金由统筹养老金和个人账户养老金组成。基本养老金根据个人累计缴费年限、缴费工资、当地职工平均工资、个人账户金额、城镇人口平均预期寿命等因素确定。统筹养老金，按照国务院规定的基础养老金计发办法计发。

（6）参加基本养老保险的个人，达到法定退休年龄时累计缴费满 15 年的，按月领取基本养老金。

参加职工基本养老保险的个人达到法定退休年龄时，累计缴费不足15年的，可以延长缴费至满15年。《社会保险法》实施前参保、延长缴费5年后仍不足15年的，可以一次性缴费至满15年。

参加职工基本养老保险的个人达到法定退休年龄后，累计缴费不足15年的，可以申请转入户籍所在地新型农村社会养老保险或者城镇居民社会养老保险，享受相应的养老保险待遇。

参加职工基本养老保险的个人达到法定退休年龄后，累计缴费不足15年，且未转入新型农村社会养老保险或者城镇居民社会养老保险的，个人可以书面申请终止职工基本养老保险关系。社会保险经办机构收到申请后，应当书面告知其转入新型农村社会养老保险或者城镇居民社会养老保险的权利以及终止职工基本养老保险关系的后果，经本人书面确认后，终止其职工基本养老保险关系，并将个人账户储存额一次性支付给本人。

（7）参加基本养老保险的个人，因病或者非因工死亡的，其遗属可以领取丧葬补助金和抚恤金；在未达到法定退休年龄时因病或者非因工致残完全丧失劳动能力的，可以领取病残津贴。所需资金从基本养老保险基金中支付。

（8）国家建立基本养老金正常调整机制。根据职工平均工资增长、物价上涨情况，适时提高基本养老保险待遇水平。

（9）个人跨统筹地区就业的，其基本养老保险关系随本人转移，缴费年限累计计算。个人达到法定退休年龄时，基本养老金分段计算、统一支付。具体办法由国务院规定。

（10）国家建立和完善新型农村社会养老保险制度。新型农村社会养老保险实行个人缴费、集体补助和政府补贴相结合。新型农村社会养老保险待遇由基础养老金和个人账户养老金组成。参加新型农村社会养老保险的农村居民，符合国家规定条件的，按月领取新型农村社会养老保险待遇。

国家建立和完善城镇居民社会养老保险制度。省、自治区、直辖市人民政府根据实际情况，可以将城镇居民社会养老保险和新型农村社会养老保险合并实施。

4 基本养老保险个人账户

（1）职工基本养老保险个人账户不得提前支取。个人在达到法定的领取基本养老金条件前离境定居的，其个人账户予以保留，达到法定领取条件时，按照国家规定享受相应的养老保险待遇。其中，丧失中华人民共和国国籍的，可以在其离境时或者离境后书面申请终止职工基本养老保险关系。社会保险经办机构收到申请后，应当书面告知其保留个人账户的权利以及终止职工基本养老保险关系的后果，经本人书面确认后，终止其职工基本养老保险关系，并将个人账户储存额一次性支付给本人。

（2）参加职工基本养老保险的个人死亡后，其个人账户中的余额可以全部依法继承。

（3）个人账户不得提前支取，记账利率不得低于银行定期存款利率，免征利息税。

（八）医疗保险

1 基本医疗保险

（1）职工应当参加职工基本医疗保险，由用人单位和职工按照国家规定共同缴纳基本医疗保险费。无雇工的个体工商户、未在用人单位参加职工基本医疗保险的非全日制从业人员以及其他灵活就业人员可以参加职工基本医疗保险，由个人按照国家规定缴纳基本医疗保险费。

（2）参加职工基本医疗保险的个人，达到法定退休年龄时累计缴费达到国家规定年限的，退休后不再缴纳基本医疗保险费，按照国家规定享受基本医疗保险待遇；未达到国家规定年限的，可以缴费至国家规定年限。退休人员享受基本医疗保险待遇的缴费年限按照各地规定执行。

（3）参保人员在协议医疗机构发生的医疗费用，符合基本医疗保险药品目录、诊疗项目、医疗服务设施标准以及急诊、抢救的医疗费用，按照国家规定从基本医疗保险基金中支付。

参保人员确需急诊、抢救的，可以在非协议医疗机构就医；因抢救必须使用的药品可以适当放宽范围。参保人员急诊、抢救的医疗服务具体管理办法由统筹地区根据当地实际情况制定。

（4）参保人员医疗费用中应当由基本医疗保险基金支付的部分，由社会保险经办机构与医疗机构、药品经营单位直接结算。社会保险行政部门和卫生行政部门应当建立异地就医医疗费用结算制度，方便参保人员享受基本医疗保险待遇。

（5）下列医疗费用不纳入基本医疗保险基金支付范围：①应当从工伤保险基金中支付的；②应当由第三人负担的；③应当由公共卫生负担的；④在境外就医的。

医疗费用依法应当由第三人负担，第三人不支付或者无法确定第三人的，由基本医疗保险基金先行支付。基本医疗保险基金先行支付后，有权向第三人追偿。

（6）社会保险经办机构根据管理服务的需要，可以与医疗机构、药品经营单位签订服务协议，规范医疗服务行为。医疗机构应当为参保人员提供合理、必要的医疗服务。

（7）参加职工基本医疗保险的个人跨统筹地区就业的，其基本医疗保险关系随本人转移，缴费年限累计计算。

2 新型农村合作医疗制度

国家建立和完善新型农村合作医疗制度。新型农村合作医疗的管理办法，由国务院规定。

（1）组织管理。新型农村合作医疗制度一般采取以县（市）为单位进行统筹。条件不具备的地方，在起步阶段也可采取以乡（镇）为单位进行统筹，逐步向县（市）统筹过渡。

要按照精简、效能的原则，建立新型农村合作医疗制度管理体制。省、地级人民政府成立由卫生、财政、农业、民政、审计、扶贫等部门组成的农村合作医疗协调小组。各级卫生行政部门内部应设立专门的农村合作医疗管理机构，原则上不增加编制。县级人民政府成立由有关部门和参加合作医疗的农民代表组成的农村合作医疗管理委员会，负责有关组织、协调、管理和指导工作。委员会下设经办机构,负责具体业务工作,人员由县级人民政府调剂解决。根据需要在乡(镇)可设立派出机构(人员)或委托有关机构管理。经办机构的人员和工作经费列入同级财政预算,不得从农村合作医疗基金中提取。

(2)筹资标准。新型农村合作医疗制度实行个人缴费、集体扶持和政府资助相结合的筹资机制。

农民个人每年的缴费标准不应低于10元,经济条件好的地区可相应提高缴费标准。乡镇企业职工(不含以农民家庭为单位参加新型农村合作医疗的人员)是否参加新型农村合作医疗由县级人民政府确定。

有条件的乡村集体经济组织应对本地新型农村合作医疗制度给予适当扶持。扶持新型农村合作医疗的乡村集体经济组织类型、出资标准由县级人民政府确定,但集体出资部分不得向农民摊派。鼓励社会团体和个人资助新型农村合作医疗制度。

地方财政每年对参加新型农村合作医疗农民的资助不低于人均10元,具体补助标准和分级负担比例由省级人民政府确定。经济较发达的东部地区,地方各级财政可适当增加投入。从2003年起,中央财政每年通过专项转移支付对中西部地区除市区以外的参加新型农村合作医疗的农民按人均10元安排补助资金。

(3)资金管理。农村合作医疗基金是由农民自愿缴纳、集体扶持、政府资助的民办公助社会性资金,要按照以收定支、收支平衡和公开、公平、公正的原则进行管理,必须专款专用,专户储存,不得挤占挪用。

农村合作医疗基金由农村合作医疗管理委员会及其经办机构进行管理。农村合作医疗经办机构应在管理委员会认定的国有商业银行设立农村合作医疗基金专用账户，确保基金的安全和完整，并建立健全农村合作医疗基金管理的规章制度，按照规定合理筹集、及时审核支付农村合作医疗基金。

农村合作医疗基金中农民个人缴费及乡村集体经济组织的扶持资金，原则上按年由农村合作医疗经办机构在乡（镇）设立的派出机构（人员）或委托有关机构收缴，存入农村合作医疗基金专用账户；地方财政支持资金，由地方各级财政部门根据参加新型农村合作医疗的实际人数，划拨到农村合作医疗基金专用账户；中央财政补助中西部地区新型农村合作医疗的专项资金，由财政部根据各地区参加新型农村合作医疗的实际人数和资金到位等情况核定，向省级财政划拨。中央和地方各级财政要确保补助资金及时、全额拨付到农村合作医疗基金专用账户，并通过新型农村合作医疗试点逐步完善补助资金的划拨办法，尽可能简化程序，易于操作。要结合财政国库管理制度改革和完善情况，逐步实现财政直接支付。关于新型农村合作医疗资金具体补助办法，由财政部商有关部门研究制定。

农村合作医疗基金主要补助参加新型农村合作医疗农民的大额医疗费用或住院医疗费用。有条件的地方，可实行大额医疗费用补助与小额医疗费用补助结合的办法，既提高抗风险能力又兼顾农民受益面。对参加新型农村合作医疗的农民，年内没有动用农村合作医疗基金的，要安排进行一次常规性体检。各省、自治区、直辖市要制定农村合作医疗报销基本药物目录。各县（市）要根据筹资总额，结合当地实际，科学合理地确定农村合作医疗基金的支付范围、支付标准和额度，确定常规性体检的具体检查项目和方式，防止农村合作医疗基金超支或过多结余。

加强对农村合作医疗基金的监管。农村合作医疗经办机构要定期向农村合作医疗管理委员会汇报农村合作医疗基金的收支、使用情况；要采取张榜公布等措施，定期向社会公布农村合作医疗基金的具体收支、使用情况，保证参加合作医疗农民的参与、知情和监督的权利。县级人民政府可根据本地实际，成立由相关政府部门和参加合作医疗的农民代表共同组成的农村合作医疗监督委员会，定期检查、监督农村合作医疗基金使用和管理情况。农村合作医疗管理委员会要定期向监督委员会和同级人民代表大会汇报工作，主动接受监督。审计部门要定期对农村合作医疗基金收支和管理情况进行审计。

3 城镇居民基本医疗保险制度

(1)国家建立和完善城镇居民基本医疗保险制度。城镇居民基本医疗保险实行个人缴费和政府补贴相结合。享受最低生活保障的人、丧失劳动能力的残疾人、低收入家庭60周岁以上的老年人和未成年人等所需个人缴费部分，由政府给予补贴。

(2)参保范围。不属于城镇职工基本医疗保险制度覆盖范围的中小学阶段的学生(包括职业高中、中专、技校学生)、少年儿童和其他非从业城镇居民都可自愿参加城镇居民基本医疗保险。

(3)筹资水平。试点城市应根据当地的经济发展水平以及成年人和未成年人等不同人群的基本医疗消费需求，并考虑当地居民家庭和财政的负担能力，恰当确定筹资水平；探索建立筹资水平、缴费年限和待遇水平相挂钩的机制。

(4)缴费和补助。城镇居民基本医疗保险以家庭缴费为主，政府给予适当补助。参保居民按规定缴纳基本医疗保险费,享受相应的医疗保险待遇,有条件的用人单位可以对职工家属参保缴费给予补助。国家对个人缴费和单位补助资金制定税收鼓励政策。

(5)费用支付。城镇居民基本医疗保险基金重点用于参保居民的住院和门诊大病医疗支出,有条件的地区可以逐步试行门诊医疗费用统筹。

城镇居民基本医疗保险基金的使用要坚持以收定支、收支平衡、略有结余的原则。要合理制定城镇居民基本医疗保险基金起付标准、支付比例和最高支付限额,完善支付办法,合理控制医疗费用。探索适合困难城镇非从业居民经济承受能力的医疗服务和费用支付办法,减轻他们的医疗费用负担。城镇居民基本医疗保险基金用于支付规定范围内的医疗费用,其他费用可以通过补充医疗保险、商业健康保险、医疗救助和社会慈善捐助等方式解决。

(九)生育保险

1 生育保险

(1)职工应当参加生育保险,由用人单位按照国家规定缴纳生育保险费,职工不缴纳生育保险费。

(2)用人单位已经缴纳生育保险费的,其职工享受生育保险待遇;职工未就业配偶按照国家规定享受生育医疗费用待遇。所需资金从生育保险基金中支付。生育保险待遇包括生育医疗费用和生育津贴。

(3)生育医疗费用包括下列各项:①生育的医疗费用;②计划生育的医疗费用;③法律、法规规定的其他项目费用。

(4)职工有下列情形之一的,可以按照国家规定享受生育津贴:①女职工生育享受产假;②享受计划生育手术休假;③法律、法规规定的其他情形。

生育津贴按照职工所在用人单位上年度职工月平均工资计发。

(十)工 伤 保 险

1 工伤保险

中华人民共和国境内的企业、事业单位、社会团体、民办非企业单位、基金会、律师事务所、会计师事务所等组织和有雇工的个体工商户(以下称用人单位)应当依照本条例规定参加工伤保险,为本单位全部职工或者雇工(以下称职工)缴纳工伤保险费。

中华人民共和国境内的企业、事业单位、社会团体、民办非企业单位、基金会、律师事务所、会计师事务所等组织的职工和个体工商户的雇工,均有依照《工伤保险条例》的规定享受工伤保险待遇的权利。

2 参加工伤保险

(1)职工应当参加工伤保险,由用人单位缴纳工伤保险费,职工不缴纳工伤保险费。

(2)国家根据不同行业的工伤风险程度确定行业的差别费率,并根据使用工伤保险基金、工伤发生率等情况在每个行业内确定费率档次。行业差别费率和行业内费率档次由国务院社会保险行政部门制定,报国务院批准后公布施行。

社会保险经办机构根据用人单位使用工伤保险基金、工伤发生率和所属行业费率档次等情况,确定用人单位缴费费率。

(3)用人单位应当按照本单位职工工资总额,根据社会保险经办机构确定的费率缴纳工伤保险费。

(4)职工因工作原因受到事故伤害或者患职业病,且经工伤认定的,享受工伤保险待遇;其中,经劳动能力鉴定丧失劳动能力的,享受伤残待遇。工伤认定和劳动能力鉴定应当简捷、方便。

(5)职工因下列情形之一导致本人在工作中伤亡的,不认定为工伤:①故意犯罪;②醉酒或者吸毒;③自残或者自杀;④法律、行政法规规定的其他情形。

醉酒标准,按照《车辆驾驶人员血液、呼气酒精含量阈值与检验》(GB 19522—2004)执行。公安机关交通管理部门、医疗机构等有关单位依法出具的检测结论、诊断证明等材料,可以作为认定醉酒的依据。

(6)工伤职工符合领取基本养老金条件的,停发伤残津贴,享受基本养老保险待遇。基本养老保险待遇低于伤残津贴的,从工伤保险基金中补足差额。

(7)职工所在用人单位未依法缴纳工伤保险费,发生工伤事故的,由用人单位支付工伤保险待遇。用人单位不支付的,从工伤保险基金中先行支付。

从工伤保险基金中先行支付的工伤保险待遇应当由用人单

位偿还。用人单位不偿还的,社会保险经办机构可以依照《社会保险法》第 63 条的规定追偿。

(8)由于第三人的原因造成工伤,第三人不支付工伤医疗费用或者无法确定第三人的,由工伤保险基金先行支付。工伤保险基金先行支付后,有权向第三人追偿。

(9)工伤职工有下列情形之一的,停止享受工伤保险待遇:①丧失享受待遇条件的;②拒不接受劳动能力鉴定的;③拒绝治疗的。

职工(包括非全日制从业人员)在 2 个或者 2 个以上用人单位同时就业的,各用人单位应当分别为职工缴纳工伤保险费。职工发生工伤,由职工受到伤害时工作的单位依法承担工伤保险责任。

3 支付工伤相关费用

(1)因工伤发生的下列费用,按照国家规定从工伤保险基金中支付:①治疗工伤的医疗费用和康复费用;②住院伙食补助费;③到统筹地区以外就医的交通食宿费;④安装配置伤残辅助器具所需费用;⑤生活不能自理的,经劳动能力鉴定委员会确认的生活护理费;⑥一次性伤残补助金和一至四级伤残职工按月领取的伤残津贴;⑦终止或者解除劳动合同时,应当享受的一次性医疗补助金;⑧因工死亡的,其遗属领取的丧葬补助金、供养亲属抚恤金和因工死亡补助金;⑨劳动能力鉴定费。

因工死亡补助金,是指《工伤保险条例》第 39 条的一次性工亡补助金,标准为工伤发生时上一年度全国城镇居民人均可支配收入的20倍。上一年度全国城镇居民人均可支配收入以国家统计局公布的数据为准。

(2)因工伤发生的下列费用,按照国家规定由用人单位支付:①治疗工伤期间的工资福利;②五级、六级伤残职工按月领取的伤残津贴;③终止或者解除劳动合同时,应当享受的一次性伤残就业补助金。

治疗工伤期间的工资福利,按照《工伤保险条例》第33条有关职工在停工留薪期内应当享受的工资福利和护理等待遇的规定执行。

(十一)失业保险

1 失业保险

职工应当参加失业保险,由用人单位和职工按照国家规定共同缴纳失业保险费。

2 领取失业保险金

(1)失业人员符合下列条件的,从失业保险基金中领取失业保险金:①失业前用人单位和本人已经缴纳失业保险费满1年的;②非因本人意愿中断就业的;③已经进行失业登记,并有求职要求的。

失业人员符合《社会保险法》第45条规定条件的,可以申请领取失业保险金并享受其他失业保险待遇。其中,非因本人意愿中断就业包括下列情形:①依照《劳动合同法》第44条第1项、第4项、第5项规定终止劳动合同的;②由用人单位依照劳动合同法第39条、第40条、第41条规定解除劳动合同的;③用人单位依照劳动合同法第36条规定向劳动者提出解除劳动合同并与劳动者协商一致解除劳动合同的;④由用人单位提出解除聘用合同或者被用人单位辞退、除名、开除的;⑤劳动者本人依照《劳动合同法》第38条规定解除劳动合同的;⑥法律、法规、规章规定的其他情形。

(2)失业人员失业前用人单位和本人累计缴费满1年不足5年的,领取失业保险金的期限最长为12个月;累计缴费满5年不足10年的,领取失业保险金的期限最长为18个月;累计缴费10年以上的,领取失业保险金的期限最长为24个月。重新就业后,再次失业的,缴费时间重新计算,领取失业保险金的期限与前次失业应当领取而尚未领取的失业保险金的期限合并计算,最长不超过24个月。

(3)失业保险金的标准,由省、自治区、直辖市人民政府确定,不得低于城市居民最低生活保障标准。

(4)失业人员在领取失业保险金期间,参加职工基本医疗保险,享受基本医疗保险待遇。失业人员应当缴纳的基本医疗保险费从失业保险基金中支付,个人不缴纳基本医疗保险费。

(5)失业人员在领取失业保险金期间死亡的,参照当地对在职职工死亡的规定,向其遗属发给一次性丧葬补助金和抚恤金。所需资金从失业保险基金中支付。个人死亡同时符合领取基本养老保险丧葬补助金、工伤保险丧葬补助金和失业保险丧葬补助金条件的,其遗属只能选择领取其中的一项。

(6)职工跨统筹地区就业的,其失业保险关系随本人转移,缴费年限累计计算。

(7)失业人员领取失业保险金后重新就业的,再次失业时,缴费时间重新计算。失业人员因当期不符合失业保险金领取条件的,原有缴费时间予以保留,重新就业并参保的,缴费时间累计计算。

(8)失业人员在领取失业保险金期间,应当积极求职,接受职业介绍和职业培训。失业人员接受职业介绍、职业培训的补贴由失业保险基金按照规定支付。

3 失业登记

用人单位应当及时为失业人员出具终止或者解除劳动关系的证明,并将失业人员的名单自终止或者解除劳动关系之日起15日内告知社会保险经办机构。

失业人员应当持本单位为其出具的终止或者解除劳动关系的证明,及时到指定的公共就业服务机构办理失业登记。

失业人员凭失业登记证明和个人身份证明,到社会保险经办机构办理领取失业保险金的手续。失业保险金领取期限自办理失业登记之日起计算。

4 停止领取失业保险金

失业人员在领取失业保险金期间有下列情形之一的,停止领取失业保险金,并同时停止享受其他失业保险待遇:

(1)重新就业的;

(2)应征服兵役的;

(3)移居境外的;

(4)享受基本养老保险待遇的;

(5)无正当理由,拒不接受当地人民政府指定部门或者机构介绍的适当工作或者提供的培训的。

(十二)工会劳动法律监督

1 工会劳动法律监督

(1)工会劳动法律监督,是工会依法对劳动法律法规执行情况进行的有组织的群众监督,是我国劳动法律监督体系的重要组成部分。

(2)工会劳动法律监督工作应当遵循依法规范、客观公正、依靠职工、协调配合的原则。

(3)全国总工会负责全国的工会劳动法律监督工作。

县级以上地方总工会负责本行政区域内的工会劳动法律监督工作。

乡镇(街道)工会、开发区(工业园区)工会、区域性、行业性工会联合会等负责本区域或本行业的工会劳动法律监督工作。

用人单位工会负责本单位的工会劳动法律监督工作。

(4)上级工会应当加强对下级工会劳动法律监督工作的指导和督促检查。

涉及工会劳动法律监督的重大事项,下级工会应当及时向上级工会报告，上级工会应当及时给予指导帮助。对上级工会交办的劳动法律监督事项，下级工会应当及时办理并报告。

(5)工会应当积极配合有关部门，对政府部门贯彻实施劳动法律法规的情况进行监督。

(6)有关劳动安全卫生、社会保险等各类专业监督检查，已有相关规定的，按规定执行。

(7)工会依法维护职工的合法权益，有权参与社会保险重大事项的研究，参加社会保险监督委员会，对与职工社会保险权益有关的事项进行监督。

2 工会劳动法律监督职责

(1)工会开展劳动法律监督，依法享有下列权利：①监督用人单位遵守劳动法律法规的情况；②参与调查处理；③提出意见要求依法改正；④提请政府有关主管部门依法处理；⑤支持和帮助职工依法行使劳动法律监督权利；⑥法律法规规定的其他劳动法律监督权利。

(2)工会对用人单位的下列情况实施监督：①执行国家有关就业规定的情况；②执行国家有关订立、履行、变更、解除劳动合同规定的情况；③开展集体协商，签订和履行集体合同的情况；④执行国家有关工作时间、休息、休假规定的情况；⑤执行国家有关工资报酬规定的情况；⑥执行国家有关各项劳动安全卫生及伤亡事故和职业病处理规定的情况；⑦执行国家有关女职工和未成年工特殊保护规定的情况；⑧执行国家有关职业培训和职业技能考核规定的情况；⑨执行国家有关职工保险、福利待遇规定的情况;⑩制定内部劳动规章制度的情况;⑪法律法规规定的其他劳动法律监督事项。

(3)工会重点监督用人单位恶意欠薪、违法超时加班、违法裁员、未缴纳或未足额缴纳社会保险费、侮辱体罚、强迫劳动、就业歧视、使用童工、损害职工健康等问题。对发现的有关问题线索,应当调查核实,督促整改,并及时向上级工会报告;对职工申请仲裁、提起诉讼的,工会应当依法给予支持和帮助。

(4)工会应当加强法治宣传,引导用人单位依法用工,教育职工依法理性表达合理诉求。

(5)工会建立隐患排查、风险研判和预警发布等制度机制,加强劳动关系矛盾预防预警、信息报送和多方沟通协商,把劳动关系矛盾风险隐患化解在基层、消除在萌芽状态。

(6)县级以上工会经同级人大、政协同意,可以参加其组织的劳动法律法规执法检查、视察。

3 工会劳动法律监督组织

(1)县级以上总工会设立工会劳动法律监督委员会,在同级工会领导下开展工会劳动法律监督工作。工会劳动法律监督委员会的日常工作由工会有关部门负责。

基层工会或职工代表大会设立劳动法律监督委员会或监督小组。工会劳动法律监督委员会受同级工会委员会领导。职工代表大会设立的劳动法律监督委员会对职工代表大会负责。

工会劳动法律监督委员会任期与本级工会任期相同。

(2)县级以上工会劳动法律监督委员会委员由相关业务部门

的人员组成,也可以聘请社会有关人士参加。

基层工会劳动法律监督委员会委员或监督小组成员从工会工作者和职工群众中推选产生。

(3)工会劳动法律监督委员会可以聘任若干劳动法律监督员。工会劳动法律监督委员会成员同时为本级工会劳动法律监督员。

(4)工会劳动法律监督员应当具备以下条件:①具有较高的政治觉悟,热爱工会工作;②熟悉劳动法律法规,具备履职能力;③公道正派,热心为职工群众说话办事;④奉公守法,清正廉洁。

(5)工会劳动法律监督员实行先培训合格、后持证上岗制度。工会劳动法律监督员由县级以上总工会负责培训,对考核合格的,颁发《工会劳动法律监督员证书》。证书样式由中华全国总工会统一制定。

(6)各级工会应当建立有关制度和信息档案,对工会劳动法律监督员进行实名制管理,具体工作由工会有关部门负责。

(7)工会可以聘请人大代表、政协委员、专家学者、社会人士等作为本级工会劳动法律监督委员会顾问,也可以通过聘请律师、购买服务等方式为工会劳动法律监督委员会提供法律服务。

4 工会劳动法律监督实施

(1)基层工会对本单位遵守劳动法律法规的情况实行监督,对劳动过程中发生的违反劳动法律法规的问题,应当及时向生产管理人员提出改进意见;对于严重损害劳动者合法权益的行为,基层工会在向单位行政提出意见的同时,可以向上级工会和当地政府有关主管部门报告,提出查处建议。

(2)职工代表大会设立的劳动法律监督委员会,对本单位执行劳动法律法规的情况进行监督检查,定期向职工代表大会报告工作,针对存在的问题提出意见或议案,经职工代表大会作出决议,督促行政方面执行。

(3)工会建立健全劳动法律监督投诉制度,对实名投诉人个人信息应当予以保密。

(4)上级工会收到对用人单位违反劳动法律法规行为投诉的,应当及时转交所在用人单位工会受理,所在用人单位工会应当开展调查,于 30 个工作日内将结果反馈职工与上级工会。对不属于监督范围或者已经由行政机关、仲裁机构、人民法院受理的投诉事项,所在用人单位工会应当告知实名投诉人。

用人单位工会开展劳动法律监督工作有困难的,上级工会应当及时给予指导帮助。

(5)工会在处理投诉或者日常监督工作中发现用人单位存在违反劳动法律法规、侵害职工合法权益行为的,可以进行现场调查,向有关人员了解情况,查阅、复制有关资料,核查事实。

(6)工会劳动法律监督员对用人单位进行调查时,应当不少于 2 人,必要时上级工会可以派员参与调查。

工会劳动法律监督员执行任务时,应当将调查情况在现场如实记录,经用人单位核阅后,由调查人员和用人单位的有关人员共同签名或盖章。用人单位拒绝签名或盖章的,应当在记录上注明。

工会劳动法律监督员调查中应当尊重和保护个人信息,保守用人单位商业秘密。

(7)工会主动监督中发现违反劳动法律法规、侵害职工合法权益行为的,应当及时代表职工与用人单位协商,要求整改。对于职工的投诉事项,经调查认为用人单位不存在违反劳动法律法规、侵害职工合法权益行为的,应当向职工说明;认为用人单位存在违反劳动法律法规、侵害职工合法权益行为的,应当代表职工协商解决。

(8)工会对用人单位违反劳动法律法规、侵害职工合法权益的行为,经协商沟通解决不成或要求整改无效的,向上一级工会报告,由本级或者上一级工会根据实际情况向用人单位发出工会劳动法律监督书面意见。

用人单位收到工会劳动法律监督书面意见后,未在规定期限内答复,或者无正当理由拒不改正的,基层工会可以提请地方工会向同级人民政府有关主管部门发出书面建议,并移交相关材料。

5 工会劳动法律监督保障

(1)工会开展劳动法律监督活动所需经费纳入本级工会预算。

(2)地方工会可以结合实际,建立非公有制企业工会劳动法律监督员配套补助制度。

(3)各级工会应当为工会劳动法律监督员履职创造必要条件。工会劳动法律监督员因依法履职受到打击报复的,有权向本级或上级工会反映,上级工会应当及时给予支持和帮助,依法维护其合法权益。

八、法 律 责 任

1 工会对侵权的维护

工会对违反《工会法》规定侵犯其合法权益的，有权提请人民政府或者有关部门予以处理，或者向人民法院提起诉讼。

2 阻挠工会活动的法律责任

违反《工会法》第 3 条、第 12 条的规定，阻挠职工依法参加和组织工会或者阻挠上级工会帮助、指导职工筹建工会的，由劳动行政部门责令其改正；拒不改正的，由劳动行政部门提请县级以上人民政府处理；以暴力、威胁等手段阻挠造成严重后果，构成犯罪的，依法追究刑事责任。

3 工会委员工作、人身尊严的维护

违反《工会法》的规定，对依法履行职责的工会工作人员无正当理由调动工作岗位，进行打击报复的，由劳动行政部门责令改正、恢复原工作；造成损失的，给予赔偿。

对依法履行职责的工会工作人员进行侮辱、诽谤或者进行人身伤害，构成犯罪的，依法追究刑事责任；尚未构成犯罪的，由公安机关依照治安管理处罚法的规定处罚。

4 对职工及工会工作人员赔偿的情形

违反《工会法》的规定，有下列情形之一的，由劳动行政部门责令恢复其工作，并补发被解除劳动合同期间应得的报酬，或者责令给予本人年收入两倍的赔偿：

(1)职工因参加工会活动而被解除劳动合同的；

(2)工会工作人员因履行《工会法》规定的职责而被解除劳动合同的。

5 违法情形

违反《工会法》的规定，有下列情形之一的，由县级以上人民政府责令改正，依法处理：

(1)妨碍工会组织职工通过职工代表大会和其他形式依法行使民主权利的；

(2)非法撤销、合并工会组织的；

(3)妨碍工会参加职工因工伤亡事故以及其他侵犯职工合法权益问题的调查处理的；

(4)无正当理由拒绝进行平等协商的。

6 工会的起诉权

违反《工会法》第47条的规定，侵占工会经费和财产拒不返还的，工会可以向人民法院提起诉讼，要求返还，并赔偿损失。

7 工会工作人员违法的处理

工会工作人员违反《工会法》的规定，损害职工或者工会权益的，由同级工会或者上级工会责令改正，或者予以处分；情节严重的，依照《中国工会章程》予以罢免；造成损失的，应当承担赔偿责任；构成犯罪的，依法追究刑事责任。

附录

中华人民共和国工会法

（1992年4月3日第七届全国人民代表大会第五次会议通过　根据2001年10月27日第九届全国人民代表大会常务委员会第二十四次会议《关于修改〈中华人民共和国工会法〉的决定》第一次修正　根据2009年8月27日第十一届全国人民代表大会常务委员会第十次会议《关于修改部分法律的决定》第二次修正　根据2021年12月24日第十三届全国人民代表大会常务委员会第三十二次会议《关于修改〈中华人民共和国工会法〉的决定》第三次修正）

目　　录

第一章　总　　则

第一条　【立法目的】[1]为保障工会在国家政治、经济和社会生活中的地位，确定工会的权利与义务，发挥工会在社会主义现代化建设事业中的作用，根据宪法，制定本法。

第二条　【工会的性质和职责】工会是中国共产党领导的职工自愿结合的工人阶级群众组织，是中国共产党联系职工群众的桥梁和纽带。

中华全国总工会及其各工会组织代表职工的利益，依法维护职工的合法权益。

第三条　【劳动者参加和组织工会的权利】在中国境内的企业、事业单位、机关、社会组织（以下统称用人单位）中以工资收入为主要生活来源的劳动者，不分民族、种族、性别、职业、宗教信仰、教育程度，都有依法参加和组织工会的权利。任何组织和个人不得阻挠和限制。

工会适应企业组织形式、职工队伍结构、劳动关系、就业形态等方面的发展变化，依法维护劳动者参加和组织工会的权利。

第四条　【工会活动的准则】工会必须遵守和维护宪法，以宪法为根本的活动准则，以经济建设为中心，坚持社会主义道路，坚持人民民主专政，坚持中国共产党的领导，坚持马克思列宁主义、毛泽东思想、邓小平理论、“三个代表”重要思想、科学发展观、习近平新时代中国特色社会主义思想，坚持改革开放，保持和增强政治性、先进性、群众性，依照工会章程独立自主地开展工作。

---

① 条文主旨为编者所加，下同。

工会会员全国代表大会制定或者修改《中国工会章程》，章程不得与宪法和法律相抵触。

国家保护工会的合法权益不受侵犯。

第五条 【工会行使职权的依据】工会组织和教育职工依照宪法和法律的规定行使民主权利，发挥国家主人翁的作用，通过各种途径和形式，参与管理国家事务、管理经济和文化事业、管理社会事务；协助人民政府开展工作，维护工人阶级领导的、以工农联盟为基础的人民民主专政的社会主义国家政权。

第六条 【工会的基本职责】维护职工合法权益、竭诚服务职工群众是工会的基本职责。工会在维护全国人民总体利益的同时，代表和维护职工的合法权益。

工会通过平等协商和集体合同制度等，推动健全劳动关系协调机制，维护职工劳动权益，构建和谐劳动关系。

工会依照法律规定通过职工代表大会或者其他形式，组织职工参与本单位的民主选举、民主协商、民主决策、民主管理和民主监督。

工会建立联系广泛、服务职工的工会工作体系，密切联系职工，听取和反映职工的意见和要求，关心职工的生活，帮助职工解决困难，全心全意为职工服务。

第七条 【工会对建设职工队伍的作用】工会动员和组织职工积极参加经济建设，努力完成生产任务和工作任务。教育职工不断提高思想道德、技术业务和科学文化素质，建设有理想、有道德、有文化、有纪律的职工队伍。

第八条 【推动产业工人队伍建设改革】工会推动产业工人队伍建设改革，提高产业工人队伍整体素质，发挥产业工人骨干作用，维护产业工人合法权益，保障产业工人主人翁地位，造就一支有理想守信念、懂技术会创新、敢担当讲奉献的宏大产业工人队伍。

第九条　【对外交往的方针和原则】中华全国总工会根据独立、平等、互相尊重、互不干涉内部事务的原则，加强同各国工会组织的友好合作关系。

第二章　工会组织

第十条　【工会建立原则和委员会产生办法、领导体制】工会各级组织按照民主集中制原则建立。

各级工会委员会由会员大会或者会员代表大会民主选举产生。企业主要负责人的近亲属不得作为本企业基层工会委员会成员的人选。

各级工会委员会向同级会员大会或者会员代表大会负责并报告工作，接受其监督。

工会会员大会或者会员代表大会有权撤换或者罢免其所选举的代表或者工会委员会组成人员。

上级工会组织领导下级工会组织。

第十一条　【各级工会组织的建立】用人单位有会员二十五人以上的，应当建立基层工会委员会；不足二十五人的，可以单独建立基层工会委员会，也可以由两个以上单位的会员联合建立基层工会委员会，也可以选举组织员一人，组织会员开展活动。女职工人数较多的，可以建立工会女职工委员会，在同级工会领导下开展工作；女职工人数较少的，可以在工会委员会中设女职工委员。

企业职工较多的乡镇、城市街道，可以建立基层工会的联合会。

县级以上地方建立地方各级总工会。

同一行业或者性质相近的几个行业，可以根据需要建立全国的或者地方的产业工会。

全国建立统一的中华全国总工会。

第十二条　【工会组织的建立报批及帮助指导】基层工会、地方各级总工会、全国或者地方产业工会组织的建立，必须报上一级工会批准。

上级工会可以派员帮助和指导企业职工组建工会，任何单位和个人不得阻挠。

第十三条　【工会组织的撤销及合并】任何组织和个人不得随意撤销、合并工会组织。

基层工会所在的用人单位终止或者被撤销，该工会组织相应撤销，并报告上一级工会。

依前款规定被撤销的工会，其会员的会籍可以继续保留，具体管理办法由中华全国总工会制定。

第十四条　【工会主席及专职工作人员的确立】职工二百人以上的企业、事业单位、社会组织的工会，可以设专职工会主席。工会专职工作人员的人数由工会与企业、事业单位、社会组织协商确定。

第十五条　【法人资格】中华全国总工会、地方总工会、产业工会具有社会团体法人资格。

基层工会组织具备民法典规定的法人条件的，依法取得社会团体法人资格。

第十六条　【基层工会委员会任期】基层工会委员会每届任期三年或者五年。各级地方总工会委员会和产业工会委员会每届任期五年。

第十七条　【基层工会委员会会议的召开】基层工会委员会定期召开会员大会或者会员代表大会,讨论决定工会工作的重大问题。经基层工会委员会或者三分之一以上的工会会员提议,可以临时召开会员大会或者会员代表大会。

第十八条　【工会主席、副主席工作调动限制】工会主席、副主席任期未满时,不得随意调动其工作。因工作需要调动时,应当征得本级工会委员会和上一级工会的同意。

罢免工会主席、副主席必须召开会员大会或者会员代表大会讨论,非经会员大会全体会员或者会员代表大会全体代表过半数通过,不得罢免。

第十九条　【基层工会主席、副主席及委员劳动合同期限的规定】基层工会专职主席、副主席或者委员自任职之日起,其劳动合同期限自动延长,延长期限相当于其任职期间;非专职主席、副主席或者委员自任职之日起,其尚未履行的劳动合同期限短于任期的,劳动合同期限自动延长至任期期满。但是,任职期间个人严重过失或者达到法定退休年龄的除外。

第三章　工会的权利和义务

第二十条　【监督权】企业、事业单位、社会组织违反职工代表大会制度和其他民主管理制度,工会有权要求纠正,保障职工依法行使民主管理的权利。

法律、法规规定应当提交职工大会或者职工代表大会审议、通过、决定的事项，企业、事业单位、社会组织应当依法办理。

第二十一条 【劳动合同指导、集体合同代签与争议处理】工会帮助、指导职工与企业、实行企业化管理的事业单位、社会组织签订劳动合同。

工会代表职工与企业、实行企业化管理的事业单位、社会组织进行平等协商，依法签订集体合同。集体合同草案应当提交职工代表大会或者全体职工讨论通过。

工会签订集体合同，上级工会应当给予支持和帮助。

企业、事业单位、社会组织违反集体合同，侵犯职工劳动权益的，工会可以依法要求企业、事业单位、社会组织予以改正并承担责任；因履行集体合同发生争议，经协商解决不成的，工会可以向劳动争议仲裁机构提请仲裁，仲裁机构不予受理或者对仲裁裁决不服的，可以向人民法院提起诉讼。

第二十二条 【对辞退、处分职工的提出意见权】企业、事业单位、社会组织处分职工，工会认为不适当的，有权提出意见。

用人单位单方面解除职工劳动合同时，应当事先将理由通知工会，工会认为用人单位违反法律、法规和有关合同，要求重新研究处理时，用人单位应当研究工会的意见，并将处理结果书面通知工会。

职工认为用人单位侵犯其劳动权益而申请劳动争议仲裁或者向人民法院提起诉讼的，工会应当给予支持和帮助。

第二十三条 【对职工劳动权益的维护】企业、事业单位、社会组织违反劳动法律法规规定，有下列侵犯职工劳动权益情形，工会应当代表职工与企业、事业单位、社会组织交涉，要求企业、事业单位、社会组织采取措施予以改正；企业、事业单位、社会组织应当予以研究处理，并向工会作出答复；企业、事业单位、社会组织拒不改正的，工会可以提请当地人民政府依法作出处理：

（一）克扣、拖欠职工工资的；

（二）不提供劳动安全卫生条件的；

（三）随意延长劳动时间的；

（四）侵犯女职工和未成年工特殊权益的；

（五）其他严重侵犯职工劳动权益的。

第二十四条　【对劳保和安全卫生提出意见权】工会依照国家规定对新建、扩建企业和技术改造工程中的劳动条件和安全卫生设施与主体工程同时设计、同时施工、同时投产使用进行监督。对工会提出的意见，企业或者主管部门应当认真处理，并将处理结果书面通知工会。

第二十五条　【职工生产安全维护】工会发现企业违章指挥、强令工人冒险作业，或者生产过程中发现明显重大事故隐患和职业危害，有权提出解决的建议，企业应当及时研究答复；发现危及职工生命安全的情况时，工会有权向企业建议组织职工撤离危险现场，企业必须及时作出处理决定。

第二十六条　【调查权】工会有权对企业、事业单位、社会组织侵犯职工合法权益的问题进行调查，有关单位应当予以协助。

第二十七条　【对工伤的调查处理权】职工因工伤亡事故和其他严重危害职工健康问题的调查处理，必须有工会参加。工会应当向有关部门提出处理意见，并有权要求追究直接负责的主管人员和有关责任人员的责任。对工会提出的意见，应当及时研究，给予答复。

第二十八条　【对停工、怠工事件的协调】企业、事业单位、社会组织发生停工、怠工事件，工会应当代表职工同企业、事业单位、社会组织或者有关方面协商，反映职工的意见和要求并提出解决意见。对于职工的合理要求，企业、事业单位、社会组织应当予以解决。工会协助企业、事业单位、社会组织做好工作，尽快恢复生产、工作秩序。

第二十九条 【劳动争议调解】工会参加企业的劳动争议调解工作。

地方劳动争议仲裁组织应当有同级工会代表参加。

第三十条 【法律服务】县级以上各级总工会依法为所属工会和职工提供法律援助等法律服务。

第三十一条 【工会的协助职责】工会协助用人单位办好职工集体福利事业，做好工资、劳动安全卫生和社会保险工作。

第三十二条 【思想政治引领及文娱竞技活动】工会会同用人单位加强对职工的思想政治引领，教育职工以国家主人翁态度对待劳动，爱护国家和单位的财产；组织职工开展群众性的合理化建议、技术革新、劳动和技能竞赛活动，进行业余文化技术学习和职工培训，参加职业教育和文化体育活动，推进职业安全健康教育和劳动保护工作。

第三十三条 【评优等管理职能】根据政府委托，工会与有关部门共同做好劳动模范和先进生产（工作）者的评选、表彰、培养和管理工作。

第三十四条 【对发展计划的建议权】国家机关在组织起草或者修改直接涉及职工切身利益的法律、法规、规章时，应当听取工会意见。

县级以上各级人民政府制定国民经济和社会发展计划，对涉及职工利益的重大问题，应当听取同级工会的意见。

县级以上各级人民政府及其有关部门研究制定劳动就业、工资、劳动安全卫生、社会保险等涉及职工切身利益的政策、措施时，应当吸收同级工会参加研究，听取工会意见。

第三十五条　【政府协商】县级以上地方各级人民政府可以召开会议或者采取适当方式，向同级工会通报政府的重要的工作部署和与工会工作有关的行政措施，研究解决工会反映的职工群众的意见和要求。

各级人民政府劳动行政部门应当会同同级工会和企业方面代表，建立劳动关系三方协商机制，共同研究解决劳动关系方面的重大问题。

第四章　基层工会组织

第三十六条　【企业权力机构及其工作机构】国有企业职工代表大会是企业实行民主管理的基本形式，是职工行使民主管理权力的机构，依照法律规定行使职权。

国有企业的工会委员会是职工代表大会的工作机构，负责职工代表大会的日常工作，检查、督促职工代表大会决议的执行。

第三十七条　【集体企业工会职责】集体企业的工会委员会，应当支持和组织职工参加民主管理和民主监督，维护职工选举和罢免管理人员、决定经营管理的重大问题的权力。

第三十八条　【工会参与民主管理】本法第三十六条、第三十七条规定以外的其他企业、事业单位的工会委员会，依照法律规定组织职工采取与企业、事业单位相适应的形式，参与企业、事业单位民主管理。

第三十九条 【工会代表对企业决策的参与】企业、事业单位、社会组织研究经营管理和发展的重大问题应当听取工会的意见;召开会议讨论有关工资、福利、劳动安全卫生、工作时间、休息休假、女职工保护和社会保险等涉及职工切身利益的问题,必须有工会代表参加。

企业、事业单位、社会组织应当支持工会依法开展工作,工会应当支持企业、事业单位、社会组织依法行使经营管理权。

第四十条 【职工代表的产生】公司的董事会、监事会中职工代表的产生,依照公司法有关规定执行。

第四十一条 【工会活动的时间安排】基层工会委员会召开会议或者组织职工活动,应当在生产或者工作时间以外进行,需要占用生产或者工作时间的,应当事先征得企业、事业单位、社会组织的同意。

基层工会的非专职委员占用生产或者工作时间参加会议或者从事工会工作,每月不超过三个工作日,其工资照发,其他待遇不受影响。

第四十二条 【工会工作人员待遇】用人单位工会委员会的专职工作人员的工资、奖励、补贴,由所在单位支付。社会保险和其他福利待遇等,享受本单位职工同等待遇。

第五章 工会的经费和财产

第四十三条 【工会经费的来源及使用】工会经费的来源:

(一)工会会员缴纳的会费;

(二)建立工会组织的用人单位按每月全部职工工资总额的百分之二向工会拨缴的经费;

（三）工会所属的企业、事业单位上缴的收入；

（四）人民政府的补助；

（五）其他收入。

前款第二项规定的企业、事业单位、社会组织拨缴的经费在税前列支。

工会经费主要用于为职工服务和工会活动。经费使用的具体办法由中华全国总工会制定。

第四十四条　【工会经费执行】企业、事业单位、社会组织无正当理由拖延或者拒不拨缴工会经费，基层工会或者上级工会可以向当地人民法院申请支付令；拒不执行支付令的，工会可以依法申请人民法院强制执行。

第四十五条　【工会经费管理】工会应当根据经费独立原则，建立预算、决算和经费审查监督制度。

各级工会建立经费审查委员会。

各级工会经费收支情况应当由同级工会经费审查委员会审查，并且定期向会员大会或者会员代表大会报告，接受监督。工会会员大会或者会员代表大会有权对经费使用情况提出意见。

工会经费的使用应当依法接受国家的监督。

第四十六条　【物质条件保障】各级人民政府和用人单位应当为工会办公和开展活动，提供必要的设施和活动场所等物质条件。

第四十七条　【工会财产禁止侵占】工会的财产、经费和国家拨给工会使用的不动产，任何组织和个人不得侵占、挪用和任意调拨。

第四十八条　【工会隶属关系不随意变动原则】工会所属的

为职工服务的企业、事业单位，其隶属关系不得随意改变。

第四十九条 【工会离退休人员待遇】县级以上各级工会的离休、退休人员的待遇，与国家机关工作人员同等对待。

第六章 法律责任

第五十条 【工会对侵权的维护】工会对违反本法规定侵犯其合法权益的，有权提请人民政府或者有关部门予以处理，或者向人民法院提起诉讼。

第五十一条 【阻挠工会活动的法律责任】违反本法第三条、第十二条规定，阻挠职工依法参加和组织工会或者阻挠上级工会帮助、指导职工筹建工会的，由劳动行政部门责令其改正；拒不改正的，由劳动行政部门提请县级以上人民政府处理；以暴力、威胁等手段阻挠造成严重后果，构成犯罪的，依法追究刑事责任。

第五十二条 【工会委员工作、人身尊严的维护】违反本法规定，对依法履行职责的工会工作人员无正当理由调动工作岗位，进行打击报复的，由劳动行政部门责令改正、恢复原工作；造成损失的，给予赔偿。

对依法履行职责的工会工作人员进行侮辱、诽谤或者进行人身伤害，构成犯罪的，依法追究刑事责任；尚未构成犯罪的，由公安机关依照治安管理处罚法的规定处罚。

第五十三条 【对职工及工会工作人员赔偿的情形】违反本法规定，有下列情形之一的，由劳动行政部门责令恢复其工作，并补发被解除劳动合同期间应得的报酬，或者责令给予本人年收入二倍的赔偿：

（一）职工因参加工会活动而被解除劳动合同的；

（二）工会工作人员因履行本法规定的职责而被解除劳动合同的。

第五十四条　【违法情形】违反本法规定，有下列情形之一的，由县级以上人民政府责令改正，依法处理：

（一）妨碍工会组织职工通过职工代表大会和其他形式依法行使民主权利的；

（二）非法撤销、合并工会组织的；

（三）妨碍工会参加职工因工伤亡事故以及其他侵犯职工合法权益问题的调查处理的；

（四）无正当理由拒绝进行平等协商的。

第五十五条　【工会的起诉权】违反本法第四十七条规定，侵占工会经费和财产拒不返还的，工会可以向人民法院提起诉讼，要求返还，并赔偿损失。

第五十六条　【工会工作人员违法的处理】工会工作人员违反本法规定，损害职工或者工会权益的，由同级工会或者上级工会责令改正，或者予以处分；情节严重的，依照《中国工会章程》予以罢免；造成损失的，应当承担赔偿责任；构成犯罪的，依法追究刑事责任。

第七章　附　　则

第五十七条　【实施办法的制定】中华全国总工会会同有关国家机关制定机关工会实施本法的具体办法。

第五十八条　【施行日期】本法自公布之日起施行。1950 年 6 月 29 日中央人民政府颁布的《中华人民共和国工会法》同时废止。

中国工会章程

（中国工会第十八次全国代表大会部分修改
2023 年 10 月 12 日通过）

总　　则

中国工会是中国共产党领导的职工自愿结合的工人阶级群众组织，是党联系职工群众的桥梁和纽带，是国家政权的重要社会支柱，是会员和职工利益的代表。

中国工会以宪法为根本活动准则，按照《中华人民共和国工会法》和本章程独立自主地开展工作，依法行使权利和履行义务。

工人阶级是我国的领导阶级，是先进生产力和生产关系的代表，是中国共产党最坚实最可靠的阶级基础，是改革开放和社会主义现代化建设的主力军，是维护社会安定的强大而集中的社会力量。中国工会高举中国特色社会主义伟大旗帜，坚持马克思列宁主义、毛泽东思想、邓小平理论、“三个代表”重要思想、科学发展观，全面贯彻习近平新时代中国特色社会主义思想，贯彻执行党的以经济建设为中心，坚持四项基本原则，坚持改革开放的基本路线，保持和增强政治性、先进性、群众性，坚定不移地走中国特色社会主义工会发展道路，推动党的全心全意依靠工人阶级的根本指导方针的贯彻落实，全面履行工会的社会职能，在维护全国人民总体利益的同时，更好地表达和维护职工的具体利益，团结和动员全国职工自力更生、艰苦创业，坚持和发展中国特色社会主义，为全面建成社会主义现代化强国、实现第二个百年奋斗目标，以中国式现代化全面推进中华民族伟大复兴而奋斗。

中国工会坚持自觉接受中国共产党的领导，承担团结引导职工群众听党话、跟党走的政治责任，巩固和扩大党执政的阶级基础和群众基础。

中国工会的基本职责是维护职工合法权益、竭诚服务职工群众。

中国工会按照中国特色社会主义事业“五位一体”总体布局和“四个全面”战略布局，贯彻创新、协调、绿色、开放、共享的新发展理念，把握为实现中华民族伟大复兴的中国梦而奋斗的工人运动时代主题，弘扬劳模精神、劳动精神、工匠精神，动员和组织职工积极参加建设和改革，努力促进经济、政治、文化、社会和生态文明建设；发展全过程人民民主，代表和组织职工参与管理国家事务、管理经济和文化事业、管理社会事务，参与企业、事业单位、机关、社会组织的民主管理；教育职工践行社会主义核心价值观，不断提高思想道德素质、科学文化素质和技术技能素质，建设有理想、有道德、有文化、有纪律的职工队伍，不断发展工人阶级先进性。

中国工会以忠诚党的事业、竭诚服务职工为己任，坚持组织起来、切实维权的工作方针，坚持以职工为本、主动依法科学维权的维权观，促进完善社会主义劳动法律，维护职工的经济、政治、文化和社会权利，参与协调劳动关系和社会利益关系，推动构建和谐劳动关系，促进经济高质量发展和社会的长期稳定，维护工人阶级和工会组织的团结统一，为构建社会主义和谐社会作贡献。

中国工会维护工人阶级领导的、以工农联盟为基础的人民民主专政的社会主义国家政权，协助人民政府开展工作，依法发挥民主参与和社会监督作用。

中国工会推动产业工人队伍建设改革，强化产业工人思想政治引领，提高产业工人队伍整体素质，发挥产业工人骨干作用，维护产业工人合法权益，保障产业工人主人翁地位，造就一支有理想守信念、懂技术会创新、敢担当讲奉献的宏大产业工人队伍。

中国工会在企业、事业单位、社会组织中，按照促进企事业和社会组织发展、维护职工权益的原则，支持行政依法行使管理权力，组织职工参与本单位民主选举、民主协商、民主决策、民主管理和民主监督，与行政方面建立协商制度，保障职工的合法权益，调动职工的积极性，促进企业、事业单位、社会组织的发展。

中国工会实行产业和地方相结合的组织领导原则，坚持民主集中制。

中国工会坚持以改革创新精神加强自身建设，健全联系广泛、服务职工的工作体系，增强团结教育、维护权益、服务职工的功能，坚持群众化、民主化，保持同会员群众的密切联系，依靠会员群众开展工会工作。各级工会领导机关坚持把工作重点放到基层，着力扩大覆盖面、增强代表性，着力强化服务意识、提高维权能力，着力加强队伍建设、提升保障水平，坚持服务职工群众的工作生命线，全心全意为基层、为职工服务，构建智慧工会，增强基层工会的吸引力凝聚力战斗力，把工会组织建设得更加充满活力、更加坚强有力，成为深受职工群众信赖的学习型、服务型、创新型“职工之家”。

工会兴办的企业、事业单位，坚持公益性、服务性，坚持为改革开放和发展社会生产力服务，为职工群众服务，为推进工运事业服务。

中国工会努力巩固和发展工农联盟，坚持最广泛的爱国统一战线，加强包括香港特别行政区同胞、澳门特别行政区同胞、台湾同胞和海外侨胞在内的全国各族人民的大团结，促进祖国的统一、繁荣和富强。

中国工会在国际事务中坚持独立自主、互相尊重、求同存异、加强合作、增进友谊的方针，在独立、平等、互相尊重、互不干涉内部事务的原则基础上，广泛建立和发展同国际和各国工会组织的友好关系，积极参与“一带一路”建设，增进我国工人阶级同各国工人阶级的友谊，同全世界工人和工会一起，在推动构建人类命运共同体中发挥作用，为世界的和平、发展、合作、工人权益和社会进步而共同努力。

中国工会深入学习贯彻习近平总书记关于党的建设的重要思想，落实新时代党的建设总要求，贯彻全面从严治党战略方针，以党的政治建设为统领，加强党的建设，深刻领悟“两个确立”的决定性意义，增强“四个意识”、坚定“四个自信”、做到“两个维护”，在思想上政治上行动上同以习近平同志为核心的党中央保持高度一致。

第一章　会　　员

第一条　凡在中国境内的企业、事业单位、机关、社会组织中，以工资收入为主要生活来源或者与用人单位建立劳动关系的劳动者，不分民族、种族、性别、职业、宗教信仰、教育程度，承认工会章程，都可以加入工会为会员。

工会适应企业组织形式、职工队伍结构、劳动关系、就业形态等方面的发展变化，依法维护劳动者参加和组织工会的权利。

第二条 职工加入工会，由本人自愿申请，经基层工会委员会批准并发给会员证。

第三条 会员享有以下权利：

（一）选举权、被选举权和表决权。

（二）对工会工作进行监督，提出意见和建议，要求撤换或者罢免不称职的工会工作人员。

（三）对国家和社会生活问题及本单位工作提出批评与建议，要求工会组织向有关方面如实反映。

（四）在合法权益受到侵犯时，要求工会给予保护。

（五）工会提供的文化、教育、体育、旅游、疗休养、互助保障、生活救助、法律服务、就业服务等优惠待遇；工会给予的各种奖励。

（六）在工会会议和工会媒体上，参加关于工会工作和职工关心问题的讨论。

第四条 会员履行下列义务：

（一）认真学习贯彻习近平新时代中国特色社会主义思想，学习政治、经济、文化、法律、科技和工会基本知识等。

（二）积极参加民主管理，努力完成生产和工作任务，立足本职岗位建功立业。

（三）遵守宪法和法律，践行社会主义核心价值观，弘扬中华民族传统美德，恪守社会公德、职业道德、家庭美德、个人品德，遵守劳动纪律。

(四)正确处理国家、集体、个人三者利益关系,向危害国家、社会利益的行为作斗争。

(五)维护中国工人阶级和工会组织的团结统一,发扬阶级友爱,搞好互助互济。

(六)遵守工会章程,执行工会决议,参加工会活动,按月交纳会费。

第五条　会员组织关系随劳动(工作)关系变动,凭会员证明接转。

第六条　会员有退会自由。会员退会由本人向工会小组提出,由基层工会委员会宣布其退会并收回会员证。

会员没有正当理由连续六个月不交纳会费、不参加工会组织生活,经教育拒不改正,应当视为自动退会。

第七条　对不执行工会决议、违反工会章程的会员,给予批评教育。对严重违法犯罪并受到刑事处罚的会员,开除会籍。开除会员会籍,须经工会小组讨论,提出意见,由基层工会委员会决定,报上一级工会备案。

第八条　会员离休、退休和失业,可保留会籍。保留会籍期间免交会费。

工会组织要关心离休、退休和失业会员的生活,积极向有关方面反映他们的愿望和要求。

第二章　组织制度

第九条　中国工会实行民主集中制,主要内容是:

(一)个人服从组织,少数服从多数,下级组织服从上级组织。

(二)工会的各级领导机关,除它们派出的代表机关外,都由民主选举产生。

（三）工会的最高领导机关，是工会的全国代表大会和它所产生的中华全国总工会执行委员会。工会的地方各级领导机关，是工会的地方各级代表大会和它所产生的总工会委员会。

（四）工会各级委员会，向同级会员大会或者会员代表大会负责并报告工作，接受会员监督。会员大会和会员代表大会有权撤换或者罢免其所选举的代表和工会委员会组成人员。

（五）工会各级委员会，实行集体领导和分工负责相结合的制度。凡属重大问题由委员会民主讨论，作出决定，委员会成员根据集体的决定和分工，履行自己的职责。

（六）工会各级领导机关，加强对下级组织的领导和服务，经常向下级组织通报情况，听取下级组织和会员的意见，研究和解决他们提出的问题。下级组织应及时向上级组织请示报告工作。

第十条 工会各级代表大会的代表和委员会的产生，要充分体现选举人的意志。候选人名单，要反复酝酿，充分讨论。选举采用无记名投票方式，可以直接采用候选人数多于应选人数的差额选举办法进行正式选举，也可以先采用差额选举办法进行预选，产生候选人名单，然后进行正式选举。任何组织和个人，不得以任何方式强迫选举人选举或不选举某个人。

第十一条 中国工会实行产业和地方相结合的组织领导原则。同一企业、事业单位、机关、社会组织中的会员，组织在一个基层工会组织中；同一行业或者性质相近的几个行业，根据需要建立全国的或者地方的产业工会组织。除少数行政管理体制实行垂直管理的产业，其产业工会实行产业工会和地方工会双重领导，以产业工会领导为主外，其他产业工会均实行以地方工会领导为主，同时接受上级产业工会领导的体制。各产业工会的领导体制，由中华全国总工会确定。

省、自治区、直辖市，设区的市和自治州，县（旗）、自治县、不设区的市建立地方总工会。地方总工会是当地地方工会组织和产业工会地方组织的领导机关。全国建立统一的中华全国总工会。中华全国总工会是各级地方总工会和各产业工会全国组织的领导机关。

中华全国总工会执行委员会委员和产业工会全国委员会委员实行替补制，各级地方总工会委员会委员和地方产业工会委员会委员，也可以实行替补制。

第十二条　县和县以上各级地方总工会委员会，根据工作需要可以派出代表机关。

县和县以上各级工会委员会，在两次代表大会之间，认为有必要时，可以召集代表会议，讨论和决定需要及时解决的重大问题。代表会议代表的名额和产生办法，由召集代表会议的总工会决定。

全国产业工会、各级地方产业工会、乡镇工会、城市街道工会和区域性、行业性工会联合会的委员会，可以按照联合制、代表制原则，由下一级工会组织民主选举的主要负责人和适当比例的有关方面代表组成。

上级工会可以派员帮助和指导用人单位的职工组建工会。

第十三条　各级工会代表大会选举产生同级经费审查委员会。中华全国总工会经费审查委员会设常务委员会，省、自治区、直辖市总工会经费审查委员会和独立管理经费的全国产业工会经费审查委员会，应当设常务委员会。经费审查委员会负责审查同级工会组织及其直属企业、事业单位的经费收支和资产管理情况，监督财经法纪的贯彻执行和工会经费的使用，并接受上级工会经费审查委员会的指导和监督。工会经费审查委员会向同级会员大会或会员代表大会负责并报告工作；在大会闭会期间，向同级工会委员会负责并报告工作。

上级经费审查委员会应当对下一级工会及其直属企业、事业单位的经费收支和资产管理情况进行审查。

中华全国总工会经费审查委员会委员实行替补制，各级地方总工会经费审查委员会委员和独立管理经费的产业工会经费审查委员会委员，也可以实行替补制。

第十四条 各级工会建立女职工委员会，表达和维护女职工的合法权益。女职工委员会由同级工会委员会提名，在充分协商的基础上组成或者选举产生，女职工委员会与工会委员会同时建立，在同级工会委员会领导下开展工作。企业工会女职工委员会是县或者县以上妇联的团体会员，通过县以上地方工会接受妇联的业务指导。

第十五条 县和县以上各级工会组织应当建立法律服务机构，为保护职工和工会组织的合法权益提供服务。

各级工会组织应当组织和代表职工开展劳动法律监督。

第十六条 成立或者撤销工会组织，必须经会员大会或者会员代表大会通过，并报上一级工会批准。基层工会组织所在的企业终止，或者所在的事业单位、机关、社会组织被撤销，该工会组织相应撤销，并报上级工会备案。其他组织和个人不得随意撤销工会组织，也不得把工会组织的机构撤销、合并或者归属其他工作部门。

第三章　全国组织

第十七条　中国工会全国代表大会，每五年举行一次，由中华全国总工会执行委员会召集。在特殊情况下，由中华全国总工会执行委员会主席团提议，经执行委员会全体会议通过，可以提前或者延期举行。代表名额和代表选举办法由中华全国总工会决定。

第十八条　中国工会全国代表大会的职权是：

（一）审议和批准中华全国总工会执行委员会的工作报告。

（二）审议和批准中华全国总工会执行委员会的经费收支情况报告和经费审查委员会的工作报告。

（三）修改中国工会章程。

（四）选举中华全国总工会执行委员会和经费审查委员会。

第十九条　中华全国总工会执行委员会，在全国代表大会闭会期间，负责贯彻执行全国代表大会的决议，领导全国工会工作。

执行委员会全体会议选举主席一人、副主席若干人、主席团委员若干人，组成主席团。

执行委员会全体会议由主席团召集，每年至少举行一次。

第二十条　中华全国总工会执行委员会全体会议闭会期间，由主席团行使执行委员会的职权。主席团全体会议，由主席召集。

主席团闭会期间，由主席、副主席组成的主席会议行使主席团职权。主席会议由中华全国总工会主席召集并主持。

主席团下设书记处，由主席团在主席团成员中推选第一书记一人，书记若干人组成。书记处在主席团领导下，主持中华全国总工会的日常工作。

第二十一条 产业工会全国组织的设置，由中华全国总工会根据需要确定。

产业工会全国委员会的建立，经中华全国总工会批准，可以按照联合制、代表制原则组成，也可以由产业工会全国代表大会选举产生。全国委员会每届任期五年。任期届满，应当如期召开会议，进行换届选举。在特殊情况下，经中华全国总工会批准，可以提前或者延期举行。

产业工会全国代表大会和按照联合制、代表制原则组成的产业工会全国委员会全体会议的职权是：审议和批准产业工会全国委员会的工作报告；选举产业工会全国委员会或者产业工会全国委员会常务委员会。独立管理经费的产业工会，选举经费审查委员会，并向产业工会全国代表大会或者委员会全体会议报告工作。产业工会全国委员会常务委员会由主席一人、副主席若干人、常务委员若干人组成。

第四章 地方组织

第二十二条 省、自治区、直辖市，设区的市和自治州，县（旗）、自治县、不设区的市的工会代表大会，由同级总工会委员会召集，每五年举行一次。在特殊情况下，由同级总工会委员会提议，经上一级工会批准，可以提前或者延期举行。工会的地方各级代表大会的职权是：

（一）审议和批准同级总工会委员会的工作报告。

（二）审议和批准同级总工会委员会的经费收支情况报告和经费审查委员会的工作报告。

(三)选举同级总工会委员会和经费审查委员会。

各级地方总工会委员会,在代表大会闭会期间,执行上级工会的决定和同级工会代表大会的决议,领导本地区的工会工作,定期向上级总工会委员会报告工作。

根据工作需要,省、自治区总工会可在地区设派出代表机关。直辖市和设区的市总工会在区一级建立总工会。

县和城市的区可在乡镇和街道建立乡镇工会和街道工会组织,具备条件的,建立总工会。

第二十三条　各级地方总工会委员会选举主席一人、副主席若干人、常务委员若干人,组成常务委员会。工会委员会、常务委员会和主席、副主席以及经费审查委员会的选举结果,报上一级总工会批准。

各级地方总工会委员会全体会议,每年至少举行一次,由常务委员会召集。各级地方总工会常务委员会,在委员会全体会议闭会期间,行使委员会的职权。

第二十四条　各级地方产业工会组织的设置,由同级地方总工会根据本地区的实际情况确定。

第五章　基 层 组 织

第二十五条　企业、事业单位、机关、社会组织等基层单位,应当依法建立工会组织。社区和行政村可以建立工会组织。从实际出发,建立区域性、行业性工会联合会,推进新经济组织、新社会组织工会组织建设。

有会员二十五人以上的,应当成立基层工会委员会;不足二十五人的,可以单独建立基层工会委员会,也可以由两个以上单位的会员联合建立基层工会委员会，也可以选举组织员或者工会主席一人，主持基层工会工作。基层工会委员会有女会员十人以上的建立女职工委员会，不足十人的设女职工委员。

职工二百人以上企业、事业单位、社会组织的工会设专职工会主席。工会专职工作人员的人数由工会与企业、事业单位、社会组织协商确定。

基层工会组织具备民法典规定的法人条件的，依法取得社会团体法人资格，工会主席为法定代表人。

第二十六条 基层工会会员大会或者会员代表大会，每年至少召开一次。经基层工会委员会或者三分之一以上的工会会员提议，可以临时召开会员大会或者会员代表大会。工会会员在一百人以下的基层工会应当召开会员大会。

工会会员大会或者会员代表大会的职权是：

（一）审议和批准基层工会委员会的工作报告。

（二）审议和批准基层工会委员会的经费收支情况报告和经费审查委员会的工作报告。

（三）选举基层工会委员会和经费审查委员会。

（四）撤换或者罢免其所选举的代表或者工会委员会组成人员。

（五）讨论决定工会工作的重大问题。

基层工会委员会和经费审查委员会每届任期三年或者五年，具体任期由会员大会或者会员代表大会决定。任期届满，应当如期召开会议，进行换届选举。在特殊情况下，经上一级工会批准，可以提前或者延期举行。

会员代表大会的代表实行常任制，任期与本单位工会委员会相同。

第二十七条　基层工会委员会的委员，应当在会员或者会员代表充分酝酿协商的基础上选举产生；主席、副主席，可以由会员大会或者会员代表大会直接选举产生，也可以由基层工会委员会选举产生。大型企业、事业单位的工会委员会，根据工作需要，经上级工会委员会批准，可以设立常务委员会。基层工会委员会、常务委员会和主席、副主席以及经费审查委员会的选举结果，报上一级工会批准。

第二十八条　基层工会委员会的基本任务是：

（一）执行会员大会或者会员代表大会的决议和上级工会的决定，主持基层工会的日常工作。

（二）代表和组织职工依照法律规定，通过职工代表大会、厂务公开和其他形式，参与本单位民主选举、民主协商、民主决策、民主管理和民主监督，保障职工知情权、参与权、表达权和监督权，在公司制企业落实职工董事、职工监事制度。企业、事业单位工会委员会是职工代表大会工作机构，负责职工代表大会的日常工作，检查、督促职工代表大会决议的执行。

（三）参与协调劳动关系和调解劳动争议，与企业、事业单位、社会组织行政方面建立协商制度，协商解决涉及职工切身利益问题。帮助和指导职工与企业、事业单位、社会组织行政方面签订和履行劳动合同，代表职工与企业、事业单位、社会组织行政方面签订集体合同或者其他专项协议，并监督执行。

（四）组织职工开展劳动和技能竞赛、合理化建议、技能培训、技术革新和技术协作等活动，培育工匠、高技能人才，总结推广先进经验。做好劳动模范和先进生产（工作）者的评选、表彰、培养和管理服务工作。

（五）加强对职工的政治引领和思想教育，开展法治宣传教育，重视人文关怀和心理疏导，鼓励支持职工学习文化科学技术和管理知识，开展健康的文化体育活动。推进企业文化职工文化建设，办好工会文化、教育、体育事业。

（六）监督有关法律、法规的贯彻执行。协助和督促行政方面做好工资、安全生产、职业病防治和社会保险等方面的工作，推动落实职工福利待遇。办好职工集体福利事业，改善职工生活，对困难职工开展帮扶。依法参与生产安全事故和职业病危害事故的调查处理。

（七）维护女职工的特殊权益，同歧视、虐待、摧残、迫害女职工的现象作斗争。

（八）搞好工会组织建设，健全民主制度和民主生活。建立和发展工会积极分子队伍。做好会员的发展、接收、教育和会籍管理工作。加强职工之家建设。

（九）收好、管好、用好工会经费，管理好工会资产和工会的企业、事业。

第二十九条 教育、科研、文化、卫生、体育等事业单位和机关工会，从脑力劳动者比较集中的特点出发开展工作，积极了解和关心职工的思想、工作和生活，推动党的知识分子政策的贯彻落实。组织职工搞好本单位的民主选举、民主协商、民主决策、民主管理和民主监督，为发挥职工的聪明才智创造良好的条件。

第三十条 基层工会委员会根据工作需要，可以在分厂、车间（科室）建立分厂、车间（科室）工会委员会。分厂、车间（科室）工会委员会由分厂、车间（科室）会员大会或者会员代表大会选举产生，任期和基层工会委员会相同。

基层工会委员会和分厂、车间（科室）工会委员会，可以根据需要设若干专门委员会或者专门小组。

按照生产（行政）班组建立工会小组，民主选举工会小组长，积极开展工会小组活动。

第六章　工会干部

第三十一条　各级工会组织按照革命化、年轻化、知识化、专业化的要求，落实新时代好干部标准，努力建设一支坚持党的基本路线，熟悉本职业务，热爱工会工作，受到职工信赖的干部队伍。

第三十二条　工会干部要努力做到：

（一）认真学习马克思列宁主义、毛泽东思想、邓小平理论、“三个代表”重要思想、科学发展观、习近平新时代中国特色社会主义思想，学习党的基本知识和党的历史，学习政治、经济、历史、文化、法律、科技和工会业务等知识，提高政治能力、思维能力、实践能力，增强推动高质量发展本领、服务群众本领、防范化解风险本领。

（二）执行党的基本路线和各项方针政策，遵守国家法律、法规，在改革开放和社会主义现代化建设中勇于开拓创新。

（三）信念坚定，忠于职守，勤奋工作，敢于担当，廉洁奉公，顾全大局，维护团结。

（四）坚持实事求是，认真调查研究，如实反映职工的意见、愿望和要求。

（五）坚持原则，不谋私利，热心为职工说话办事，依法维护职工的合法权益。

（六）作风民主，联系群众，增强群众意识和群众感情，自觉接受职工群众的批评和监督。

第三十三条 各级工会组织根据有关规定管理工会干部，重视发现培养和选拔优秀年轻干部、女干部、少数民族干部，成为培养干部的重要基地。

基层工会主席、副主席任期未满不得随意调动其工作。因工作需要调动时，应事先征得本级工会委员会和上一级工会同意。

县和县以上工会可以为基层工会选派、聘用社会化工会工作者等工作人员。

第三十四条 各级工会组织建立与健全干部培训制度。办好工会干部院校和各种培训班。

第三十五条 各级工会组织关心工会干部的思想、学习和生活，督促落实相应的待遇，支持他们的工作，坚决同打击报复工会干部的行为作斗争。

县和县以上工会设立工会干部权益保障金，保障工会干部依法履行职责。

第七章 工会经费和资产

第三十六条 工会经费的来源：

（一）会员交纳的会费。

（二）企业、事业单位、机关、社会组织按全部职工工资总额的百分之二向工会拨缴的经费或者建会筹备金。

（三）工会所属的企业、事业单位上缴的收入。

（四）人民政府和企业、事业单位、机关、社会组织的补助。

（五）其他收入。

第三十七条　工会经费主要用于为职工服务和开展工会活动。各级工会组织应坚持正确使用方向，加强预算管理，优化支出结构，开展监督检查。

第三十八条　县和县以上各级工会应当与税务、财政等有关部门合作，依照规定做好工会经费收缴和应当由财政负担的工会经费拨缴工作。

未成立工会的企业、事业单位、机关、社会组织，按工资总额的百分之二向上级工会拨缴工会建会筹备金。

具备社会团体法人资格的工会应当依法设立独立经费账户。

第三十九条　工会资产是社会团体资产，中华全国总工会对各级工会的资产拥有终极所有权。各级工会依法依规加强对工会资产的监督、管理，保护工会资产不受损害，促进工会资产保值增值。根据经费独立原则，建立预算、决算、资产监管和经费审查监督制度。实行“统一领导、分级管理”的财务体制、“统一所有、分级监管、单位使用”的资产监管体制和“统一领导、分级管理、分级负责、下审一级”的经费审查监督体制。工会经费、资产的管理和使用办法以及工会经费审查监督制度，由中华全国总工会制定。

第四十条　各级工会委员会按照规定编制和审批预算、决算，定期向会员大会或者会员代表大会和上一级工会委员会报告经费收支和资产管理情况，接受上级和同级工会经费审查委员会审查监督。

第四十一条　工会经费、资产和国家及企业、事业单位等拨给工会的不动产和拨付资金形成的资产受法律保护，任何单位和个人不得侵占、挪用和任意调拨；不经批准，不得改变工会所属企业、事业单位的隶属关系和产权关系。

工会组织合并，其经费资产归合并后的工会所有；工会组织撤销或者解散，其经费资产由上级工会处置。

第八章　会　　徽

第四十二条　中国工会会徽，选用汉字“中”、“工”两字，经艺术造型呈圆形重叠组成，并在两字外加一圆线，象征中国工会和中国工人阶级的团结统一。会徽的制作标准，由中华全国总工会规定。

第四十三条　中国工会会徽，可在工会办公地点、活动场所、会议会场悬挂，可作为纪念品、办公用品上的工会标志，也可以作为徽章佩戴。

第九章　附　　则

第四十四条　本章程解释权属于中华全国总工会。

中华人民共和国劳动法(节录)

(1994年7月5日第八届全国人民代表大会常务委员会第八次会议通过　根据2009年8月27日第十一届全国人民代表大会常务委员会第十次会议《关于修改部分法律的决定》第一次修正　根据2018年12月29日第十三届全国人民代表大会常务委员会第七次会议《关于修改〈中华人民共和国劳动法〉等七部法律的决定》第二次修正)

第七条　【参加和组织工会】劳动者有权依法参加和组织工会。

工会代表和维护劳动者的合法权益,依法独立自主地开展活动。

第二十七条　【用人单位裁员】用人单位濒临破产进行法定整顿期间或者生产经营状况发生严重困难,确需裁减人员的,应当提前三十日向工会或者全体职工说明情况,听取工会或者职工的意见,经向劳动行政部门报告后,可以裁减人员。

用人单位依据本条规定裁减人员,在六个月内录用人员的,应当优先录用被裁减的人员。

第三十条　【工会职权】用人单位解除劳动合同,工会认为不适当的,有权提出意见。如果用人单位违反法律、法规或者劳动合同,工会有权要求重新处理;劳动者申请仲裁或者提起诉讼的,工会应当依法给予支持和帮助。

第三十三条 【集体合同】企业职工一方与企业可以就劳动报酬、工作时间、休息休假、劳动安全卫生、保险福利等事项，签订集体合同。集体合同草案应当提交职工代表大会或者全体职工讨论通过。

集体合同由工会代表职工与企业签订；没有建立工会的企业，由职工推举的代表与企业签订。

第四十一条 【工作时间延长限制】用人单位由于生产经营需要，经与工会和劳动者协商后可以延长工作时间，一般每日不得超过一小时；因特殊原因需要延长工作时间的，在保障劳动者身体健康的条件下延长工作时间每日不得超过三小时，但是每月不得超过三十六小时。

第八十条 【劳动争议调解委员会及调解协议】在用人单位内，可以设立劳动争议调解委员会。劳动争议调解委员会由职工代表、用人单位代表和工会代表组成。劳动争议调解委员会主任由工会代表担任。

劳动争议经调解达成协议的，当事人应当履行。

第八十一条 【仲裁委员会组成】劳动争议仲裁委员会由劳动行政部门代表、同级工会代表、用人单位方面的代表组成。劳动争议仲裁委员会主任由劳动行政部门代表担任。

第八十八条 【工会监督和组织、个人检举控告】各级工会依法维护劳动者的合法权益，对用人单位遵守劳动法律、法规的情况进行监督。

任何组织和个人对于违反劳动法律、法规的行为有权检举和控告。

中华人民共和国劳动合同法(节录)

(2007 年 6 月 29 日第十届全国人民代表大会常务委员会第二十八次会议通过　根据 2012 年 12 月 28 日第十一届全国人民代表大会常务委员会第三十次会议《关于修改〈中华人民共和国劳动合同法〉的决定》修正)

第四条　【规章制度】用人单位应当依法建立和完善劳动规章制度,保障劳动者享有劳动权利、履行劳动义务。

用人单位在制定、修改或者决定有关劳动报酬、工作时间、休息休假、劳动安全卫生、保险福利、职工培训、劳动纪律以及劳动定额管理等直接涉及劳动者切身利益的规章制度或者重大事项时,应当经职工代表大会或者全体职工讨论,提出方案和意见,与工会或者职工代表平等协商确定。

在规章制度和重大事项决定实施过程中,工会或者职工认为不适当的,有权向用人单位提出,通过协商予以修改完善。

用人单位应当将直接涉及劳动者切身利益的规章制度和重大事项决定公示,或者告知劳动者。

第五条　【协调劳动关系三方机制】县级以上人民政府劳动行政部门会同工会和企业方面代表,建立健全协调劳动关系三方机制,共同研究解决有关劳动关系的重大问题。

第六条　【集体协商机制】工会应当帮助、指导劳动者与用人单位依法订立和履行劳动合同,并与用人单位建立集体协商机制,维护劳动者的合法权益。

第四十一条 【经济性裁员】有下列情形之一,需要裁减人员二十人以上或者裁减不足二十人但占企业职工总数百分之十以上的,用人单位提前三十日向工会或者全体职工说明情况,听取工会或者职工的意见后,裁减人员方案经向劳动行政部门报告,可以裁减人员:

(一)依照企业破产法规定进行重整的;

(二)生产经营发生严重困难的;

(三)企业转产、重大技术革新或者经营方式调整,经变更劳动合同后,仍需裁减人员的;

(四)其他因劳动合同订立时所依据的客观经济情况发生重大变化,致使劳动合同无法履行的。

裁减人员时,应当优先留用下列人员:

(一)与本单位订立较长期限的固定期限劳动合同的;

(二)与本单位订立无固定期限劳动合同的;

(三)家庭无其他就业人员,有需要扶养的老人或者未成年人的。

用人单位依照本条第一款规定裁减人员,在六个月内重新招用人员的,应当通知被裁减的人员,并在同等条件下优先招用被裁减的人员。

第四十三条 【工会在劳动合同解除中的监督作用】用人单位单方解除劳动合同,应当事先将理由通知工会。用人单位违反法律、行政法规规定或者劳动合同约定的,工会有权要求用人单位纠正。用人单位应当研究工会的意见,并将处理结果书面通知工会。

第五十一条　【集体合同的订立和内容】企业职工一方与用人单位通过平等协商，可以就劳动报酬、工作时间、休息休假、劳动安全卫生、保险福利等事项订立集体合同。集体合同草案应当提交职工代表大会或者全体职工讨论通过。

集体合同由工会代表企业职工一方与用人单位订立；尚未建立工会的用人单位，由上级工会指导劳动者推举的代表与用人单位订立。

第五十三条　【行业性集体合同、区域性集体合同】在县级以下区域内，建筑业、采矿业、餐饮服务业等行业可以由工会与企业方面代表订立行业性集体合同，或者订立区域性集体合同。

第五十六条　【集体合同纠纷和法律救济】用人单位违反集体合同，侵犯职工劳动权益的，工会可以依法要求用人单位承担责任；因履行集体合同发生争议，经协商解决不成的，工会可以依法申请仲裁、提起诉讼。

第六十四条　【被派遣劳动者参加或者组织工会】被派遣劳动者有权在劳务派遣单位或者用工单位依法参加或者组织工会，维护自身的合法权益。

第七十三条　【劳动合同制度的监督管理体制】国务院劳动行政部门负责全国劳动合同制度实施的监督管理。

县级以上地方人民政府劳动行政部门负责本行政区域内劳动合同制度实施的监督管理。

县级以上各级人民政府劳动行政部门在劳动合同制度实施的监督管理工作中，应当听取工会、企业方面代表以及有关行业主管部门的意见。

第七十八条 【工会监督检查的权利】工会依法维护劳动者的合法权益，对用人单位履行劳动合同、集体合同的情况进行监督。用人单位违反劳动法律、法规和劳动合同、集体合同的，工会有权提出意见或者要求纠正；劳动者申请仲裁、提起诉讼的，工会依法给予支持和帮助。

中华人民共和国劳动争议调解仲裁法（节录）

（2007 年 12 月 29 日第十届全国人民代表大会常务委员会第三十一次会议通过　2007 年 12 月 29 日中华人民共和国主席令第 80 号公布　自 2008 年 5 月 1 日起施行）

第四条 【劳动争议当事人的协商和解】发生劳动争议，劳动者可以与用人单位协商，也可以请工会或者第三方共同与用人单位协商，达成和解协议。

第八条 【劳动争议处理的协调劳动关系三方机制】县级以上人民政府劳动行政部门会同工会和企业方面代表建立协调劳动关系三方机制，共同研究解决劳动争议的重大问题。

第十条 【调解组织】发生劳动争议，当事人可以到下列调解组织申请调解：

（一）企业劳动争议调解委员会；

（二）依法设立的基层人民调解组织；

（三）在乡镇、街道设立的具有劳动争议调解职能的组织。

企业劳动争议调解委员会由职工代表和企业代表组成。职工代表由工会成员担任或者由全体职工推举产生，企业代表由企业负责人指定。企业劳动争议调解委员会主任由工会成员或者双方推举的人员担任。

第十九条　【劳动争议仲裁委员会组成及职责】劳动争议仲裁委员会由劳动行政部门代表、工会代表和企业方面代表组成。劳动争议仲裁委员会组成人员应当是单数。

劳动争议仲裁委员会依法履行下列职责：

（一）聘任、解聘专职或者兼职仲裁员；

（二）受理劳动争议案件；

（三）讨论重大或者疑难的劳动争议案件；

（四）对仲裁活动进行监督。

劳动争议仲裁委员会下设办事机构，负责办理劳动争议仲裁委员会的日常工作。

第二十条　【仲裁员资格条件】劳动争议仲裁委员会应当设仲裁员名册。

仲裁员应当公道正派并符合下列条件之一：

（一）曾任审判员的；

（二）从事法律研究、教学工作并具有中级以上职称的；

（三）具有法律知识、从事人力资源管理或者工会等专业工作满五年的；

（四）律师执业满三年的。

中华人民共和国安全生产法(节录)

(2002 年 6 月 29 日第九届全国人民代表大会常务委员会第二十八次会议通过　根据 2009 年 8 月 27 日第十一届全国人民代表大会常务委员会第十次会议《关于修改部分法律的决定》第一次修正　根据 2014 年 8 月 31 日第十二届全国人民代表大会常务委员会第十次会议《关于修改〈中华人民共和国安全生产法〉的决定》第二次修正　根据 2021 年 6 月 10 日第十三届全国人民代表大会常务委员会第二十九次会议《关于修改〈中华人民共和国安全生产法〉的决定》第三次修正)

第七条　【工会职责】工会依法对安全生产工作进行监督。

生产经营单位的工会依法组织职工参加本单位安全生产工作的民主管理和民主监督,维护职工在安全生产方面的合法权益。生产经营单位制定或者修改有关安全生产的规章制度,应当听取工会的意见。

第六十条　【工会监督】工会有权对建设项目的安全设施与主体工程同时设计、同时施工、同时投入生产和使用进行监督,提出意见。

工会对生产经营单位违反安全生产法律、法规,侵犯从业人员合法权益的行为,有权要求纠正;发现生产经营单位违章指挥、强令冒险作业或者发现事故隐患时,有权提出解决的建议,生产经营单位应当及时研究答复；发现危及从业人员生命安全的情况时，有权向生产经营单位建议组织从业人员撤离危险场所，生产经营单位必须立即作出处理。

工会有权依法参加事故调查，向有关部门提出处理意见，并要求追究有关人员的责任。

中华人民共和国职业病防治法（节录）

（2001年10月27日第九届全国人民代表大会常务委员会第二十四次会议通过　根据2011年12月31日第十一届全国人民代表大会常务委员会第二十四次会议《关于修改〈中华人民共和国职业病防治法〉的决定》第一次修正　根据2016年7月2日第十二届全国人民代表大会常务委员会第二十一次会议《关于修改〈中华人民共和国节约能源法〉等六部法律的决定》第二次修正　根据2017年11月4日第十二届全国人民代表大会常务委员会第三十次会议《关于修改〈中华人民共和国会计法〉等十一部法律的决定》第三次修正　根据2018年12月29日第十三届全国人民代表大会常务委员会第七次会议《关于修改〈中华人民共和国劳动法〉等七部法律的决定》第四次修正）

第四条　【职业卫生保护权】劳动者依法享有职业卫生保护的权利。

用人单位应当为劳动者创造符合国家职业卫生标准和卫生要求的工作环境和条件,并采取措施保障劳动者获得职业卫生保护。

工会组织依法对职业病防治工作进行监督,维护劳动者的合法权益。用人单位制定或者修改有关职业病防治的规章制度,应当听取工会组织的意见。

第四十条　【工会职责】工会组织应当督促并协助用人单位开展职业卫生宣传教育和培训,有权对用人单位的职业病防治工作提出意见和建议,依法代表劳动者与用人单位签订劳动安全卫生专项集体合同,与用人单位就劳动者反映的有关职业病防治的问题进行协调并督促解决。

工会组织对用人单位违反职业病防治法律、法规,侵犯劳动者合法权益的行为,有权要求纠正;产生严重职业病危害时,有权要求采取防护措施,或者向政府有关部门建议采取强制性措施;发生职业病危害事故时,有权参与事故调查处理;发现危及劳动者生命健康的情形时,有权向用人单位建议组织劳动者撤离危险现场,用人单位应当立即作出处理。

基层工会会员代表大会条例

（2019年1月15日中华全国总工会印发
总工发〔2019〕6号）

第一章　总　则

第一条　为完善基层工会会员代表大会制度，推进基层工会民主化、规范化、法治化建设，增强基层工会政治性、先进性、群众性，激发基层工会活力，发挥基层工会作用，根据《中华人民共和国工会法》《中国工会章程》等有关规定，制定本条例。

第二条　本条例适用于企业、事业单位、机关、社会团体和其他社会组织单独或联合建立的基层工会组织。

乡镇（街道）、开发区（工业园区）、村（社区）建立的工会委员会，县级以下建立的区域（行业）工会联合会，如召开会员代表大会的，依照本条例执行。

第三条　会员不足100人的基层工会组织，应召开会员大会；会员100人以上的基层工会组织，应召开会员大会或会员代表大会。

第四条　会员代表大会是基层工会的最高领导机构，讨论决定基层工会重大事项，选举基层工会领导机构，并对其进行监督。

第五条　会员代表大会实行届期制，每届任期三年或五年，具体任期由会员代表大会决定。会员代表大会任期届满，应按期换届。遇有特殊情况,经上一级工会批准,可以提前或延期换届,延期时间一般不超过半年。

会员代表大会每年至少召开一次,经基层工会委员会、三分之一以上的会员或三分之一以上的会员代表提议,可以临时召开会员代表大会。

第六条 会员代表大会应坚持党的领导,坚持民主集中制,坚持依法规范,坚持公开公正,切实保障会员的知情权、参与权、选举权、监督权。

第七条 基层工会召开会员代表大会应向同级党组织和上一级工会报告。换届选举、补选、罢免基层工会委员会组成人员的,应向同级党组织和上一级工会书面报告。

上一级工会对下一级工会召开会员代表大会进行指导和监督。

第二章 会员代表大会的组成和职权

第八条 会员代表的组成应以一线职工为主,体现广泛性和代表性。中层正职以上管理人员和领导人员一般不得超过会员代表总数的20%。女职工、青年职工、劳动模范(先进工作者)等会员代表应占一定比例。

第九条 会员代表名额,按会员人数确定:

会员100至200人的,设代表30至40人;

会员201至1000人的,设代表40至60人;

会员1001至5000人的,设代表60至90人;

会员5001至10000人的,设代表90至130人;

会员10001至50000人的,设代表130至180人;

会员50001人以上的,设代表180至240人。

第十条　会员代表的选举和会议筹备工作由基层工会委员会负责,新成立基层工会的由工会筹备组负责。

第十一条　会员代表大会根据需要,可以设立专门工作委员会(小组),负责办理会员代表大会交办的具体事项。

第十二条　会员代表大会的职权是:

(一)审议和批准基层工会委员会的工作报告;

(二)审议和批准基层工会委员会经费收支预算决算情况报告、经费审查委员会工作报告;

(三)开展会员评家,评议基层工会开展工作、建设职工之家情况,评议基层工会主席、副主席履行职责情况;

(四)选举和补选基层工会委员会和经费审查委员会组成人员;

(五)选举和补选出席上一级工会代表大会的代表;

(六)罢免其所选举的代表、基层工会委员会组成人员;

(七)讨论决定基层工会其他重大事项。

第三章　会员代表

第十三条　会员代表应由会员民主选举产生,不得指定会员代表。劳务派遣工会员民主权利的行使,如用人单位工会与用工单位工会有约定的,依照约定执行;如没有约定或约定不明确的,在劳务派遣工会员会籍所在工会行使。

第十四条　会员代表应具备以下条件:

(一)工会会员,遵守工会章程,按期缴纳会费;

(二)拥护党的领导,有较强的政治觉悟;

（三）在生产、工作中起骨干作用，有议事能力；

（四）热爱工会工作，密切联系职工群众，热心为职工群众说话办事；

（五）在职工群众中有一定的威信，受到职工群众信赖。

第十五条 会员代表的选举，一般以下一级工会或工会小组为选举单位进行，两个以上会员人数较少的下一级工会或工会小组可作为一个选举单位。

会员代表由选举单位会员大会选举产生。规模较大、管理层级较多的单位，会员代表可由下一级会员代表大会选举产生。

第十六条 选举单位按照基层工会确定的代表候选人名额和条件，组织会员讨论提出会员代表候选人，召开有三分之二以上会员或会员代表参加的大会，采取无记名投票方式差额选举产生会员代表，差额率不低于15%。

第十七条 会员代表候选人，获得选举单位全体会员过半数赞成票时，方能当选；由下一级会员代表大会选举时，其代表候选人获得应到会代表人数过半数赞成票时，方能当选。

第十八条 会员代表选出后，应由基层工会委员会或工会筹备组，对会员代表人数及人员结构进行审核，并对会员代表进行资格审查。

符合条件的会员代表人数少于原定代表人数的，可以把剩余的名额再分配，进行补选，也可以在符合规定人数情况下减少代表名额。

第十九条 会员代表实行常任制，任期与会员代表大会届期一致，会员代表可以连选连任。

第二十条 会员代表的职责是：

（一）带头执行党的路线、方针、政策，自觉遵守国家法律法规和本单位的规章制度，努力完成生产、工作任务；

（二）在广泛听取会员意见和建议的基础上，向会员代表大会提出提案；

（三）参加会员代表大会，听取基层工会委员会和经费审查委员会的工作报告，讨论和审议代表大会的各项议题，提出审议意见和建议；

（四）对基层工会委员会及代表大会各专门委员会（小组）的工作进行评议，提出批评、建议；对基层工会主席、副主席进行民主评议和民主测评，提出奖惩和任免建议；

（五）保持与选举单位会员群众的密切联系，热心为会员说话办事，积极为做好工会各项工作献计献策；

（六）积极宣传贯彻会员代表大会的决议精神，对工会委员会落实会员代表大会决议情况进行监督检查，团结和带动会员群众完成会员代表大会提出的各项任务。

第二十一条　选举单位可单独或联合组成代表团（组），推选团（组）长。团（组）长根据会员代表大会议程，组织会员代表参加大会各项活动；在会员代表大会闭会期间，按照基层工会的安排，组织会员代表开展日常工作。

第二十二条　基层工会讨论决定重要事项，可事先召开代表团（组）长会议征求意见，也可根据需要，邀请代表团（组）长列席会议。

第二十三条　基层工会应建立会员代表调研、督查等工作制度，充分发挥会员代表作用。

第二十四条　会员代表在法定工作时间内依法参加会员代

表大会及工会组织的各项活动，单位应当正常支付劳动报酬，不得降低其工资和其他福利待遇。

第二十五条 有下列情形之一的，会员代表身份自然终止：

（一）在任期内工作岗位跨选举单位变动的；

（二）与用人单位解除、终止劳动（工作）关系的；

（三）停薪留职、长期病事假、内退、外派超过一年，不能履行会员代表职责的。

第二十六条 会员代表对选举单位会员负责，接受选举单位会员的监督。

第二十七条 会员代表有下列情形之一的，可以罢免：

（一）不履行会员代表职责的；

（二）严重违反劳动纪律或单位规章制度，对单位利益造成严重损害的；

（三）被依法追究刑事责任的；

（四）其他需要罢免的情形。

第二十八条 选举单位工会或三分之一以上会员或会员代表有权提出罢免会员代表。

会员或会员代表联名提出罢免的，选举单位工会应及时召开会员代表大会进行表决。

第二十九条 罢免会员代表，应经过选举单位全体会员过半数通过；由会员代表大会选举产生的代表，应经过会员代表大会应到会代表的过半数通过。

第三十条 会员代表出现缺额，原选举单位应及时补选。缺额超过会员代表总数四分之一时，应在三个月内进行补选。补选会员代表应依照选举会员代表的程序，进行差额选举，差额率应按照第十六条规定执行。补选的会员代表应报基层工会委员会进行资格审查。

第四章　会员代表大会的召开

第三十一条　每届会员代表大会第一次会议召开前,应将会员代表大会的组织机构、会员代表的构成、会员代表大会主要议程等重要事项,向同级党组织和上一级工会书面报告。上一级工会接到报告后应于 15 日内批复。

第三十二条　每届会员代表大会第一次会议召开前,基层工会委员会或工会筹备组应对会员代表进行专门培训,培训内容应包括工会基本知识、会员代表大会的性质和职能、会员代表的权利和义务、大会选举办法等。

第三十三条　会员代表全部选举产生后,应在一个月内召开本届会员代表大会第一次会议。

第三十四条　会员代表大会召开前,会员代表应充分听取会员意见建议,积极提出与会员切身利益和工会工作密切相关的提案,经基层工会委员会或工会筹备组审查后,决定是否列入大会议程。

第三十五条　召开会员代表大会,应提前 5 个工作日将会议日期、议程和提交会议讨论的事项通知会员代表。

第三十六条　每届会员代表大会第一次会议召开前,可举行预备会议,听取会议筹备情况的报告,审议通过关于会员代表资格审查情况的报告,讨论通过选举办法,通过大会议程和其他有关事项。

第三十七条　召开会员代表大会时,未当选会员代表的经费审查委员会委员、女职工委员会委员应列席会议，也可以邀请有关方面的负责人或代表列席会议。

可以邀请获得荣誉称号的人员、曾经作出突出贡献的人员作为特邀代表参加会议。

列席人员和特邀代表仅限本次会议，可以参加分组讨论，不承担具体工作，不享有选举权、表决权。

第三十八条　基层工会委员会、经费审查委员会及女职工委员会的选举工作，依照《工会基层组织选举工作条例》规定执行。

第三十九条　会员代表大会应每年对基层工会开展工作、建设职工之家和工会主席、副主席履行职责等情况进行民主评议，在民主评议的基础上，以无记名投票方式进行测评，测评分为满意、基本满意、不满意三个等次。测评结果应及时公开，并书面报告同级党组织和上一级工会。

基层工会主席、副主席测评办法应由会员代表大会表决通过，并报上一级工会备案。

第四十条　基层工会主席、副主席，具有下列情形之一的，可以罢免：

（一）连续两年测评等次为不满意的；

（二）任职期间个人有严重过失的；

（三）被依法追究刑事责任的；

（四）其他需要罢免的情形。

基层工会委员会委员具有上述（二）（三）（四）项情形的，可以罢免。

第四十一条　本届工会委员会、三分之一以上的会员或会员代表可以提议罢免主席、副主席和委员。

罢免主席、副主席和委员的，应经同级党组织和上一级工会进行考察，未建立党组织的，由上一级工会考察。经考察，如确认其不能再担任现任职务时，应依法召开会员代表大会进行无记名投票表决，应参会人员过半数通过的，罢免有效，并报上一级工会批准。

第四十二条　规模较大、人数众多、工作地点分散、工作时间不一致，会员代表难以集中的基层工会，可以通过电视电话会议、网络视频会议等方式召开会员代表大会。不涉及无记名投票的事项，可以通过网络进行表决，如进行无记名投票的，可在分会场设立票箱，在规定时间内统一投票、统一计票。

第四十三条　会员代表大会与职工代表大会应分别召开，不得互相代替。如在同一时间段召开的，应分别设置会标、分别设定会议议程、分别行使职权、分别作出决议、分别建立档案。

第四十四条　会员代表大会通过的决议、重要事项和选举结果等应当形成书面文件，并及时向会员公开。

第五章　附　　则

第四十五条　除会员代表的特别规定外，召开会员大会依照本条例相关规定执行。

第四十六条　本条例由中华全国总工会负责解释。

第四十七条　本条例自发布之日起施行，以往有关规定与本条例不一致的，以本条例为准。1992 年 4 月 14 日中华全国总工会办公厅印发的《关于基层工会会员代表大会代表实行常任制的若干暂行规定》同时废止。

最高人民法院关于在民事审判工作中适用《中华人民共和国工会法》若干问题的解释

（2003 年 1 月 9 日最高人民法院审判委员会第 1263 次会议通过、2003 年 6 月 25 日公布、自 2003 年 7 月 9 日起施行（法释〔2003〕11 号）　根据 2020 年 12 月 23 日最高人民法院审判委员会第 1823 次会议通过、2020 年 12 月 29 日公布、自 2021 年 1 月 1 日起施行的《最高人民法院关于修改〈最高人民法院关于在民事审判工作中适用《中华人民共和国工会法》若干问题的解释〉等二十七件民事类司法解释的决定》（法释〔2020〕17 号）修正）

为正确审理涉及工会经费和财产、工会工作人员权利的民事案件，维护工会和职工的合法权益，根据《中华人民共和国民法典》《中华人民共和国工会法》和《中华人民共和国民事诉讼法》等法律的规定，现就有关法律的适用问题解释如下：

第一条　人民法院审理涉及工会组织的有关案件时，应当认定依照工会法建立的工会组织的社团法人资格。具有法人资格的工会组织依法独立享有民事权利，承担民事义务。建立工会的企业、事业单位、机关与所建工会以及工会投资兴办的企业，根据法律和司法解释的规定，应当分别承担各自的民事责任。

第二条　根据工会法第十八条规定,人民法院审理劳动争议案件,涉及确定基层工会专职主席、副主席或者委员延长的劳动合同期限的,应当自上述人员工会职务任职期限届满之日起计算,延长的期限等于其工会职务任职的期间。

工会法第十八条规定的“个人严重过失”,是指具有《中华人民共和国劳动法》第二十五条第(二)项、第(三)项或者第(四)项规定的情形。

第三条　基层工会或者上级工会依照工会法第四十三条规定向人民法院申请支付令的,由被申请人所在地的基层人民法院管辖。

第四条　人民法院根据工会法第四十三条的规定受理工会提出的拨缴工会经费的支付令申请后,应当先行征询被申请人的意见。被申请人仅对应拨缴经费数额有异议的,人民法院应当就无异议部分的工会经费数额发出支付令。

人民法院在审理涉及工会经费的案件中,需要按照工会法第四十二条第一款第(二)项规定的“全部职工”“工资总额”确定拨缴数额的,“全部职工”“工资总额”的计算,应当按照国家有关部门规定的标准执行。

第五条　根据工会法第四十三条和民事诉讼法的有关规定,上级工会向人民法院申请支付令或者提起诉讼,要求企业、事业单位拨缴工会经费的,人民法院应当受理。基层工会要求参加诉讼的,人民法院可以准许其作为共同申请人或者共同原告参加诉讼。

第六条　根据工会法第五十二条规定,人民法院审理涉及职工和工会工作人员因参加工会活动或者履行工会法规定的职责而被解除劳动合同的劳动争议案件,可以根据当事人的请求裁判用人单位恢复其工作，并补发被解除劳动合同期间应得的报酬；或者根据当事人的请求裁判用人单位给予本人年收入二倍的赔偿，并根据劳动合同法第四十六条、第四十七条规定给予解除劳动合同时的经济补偿。

第七条 对于企业、事业单位无正当理由拖延或者拒不拨缴工会经费的，工会组织向人民法院请求保护其权利的诉讼时效期间，适用民法典第一百八十八条的规定。

第八条 工会组织就工会经费的拨缴向人民法院申请支付令的，应当按照《诉讼费用交纳办法》第十四条的规定交纳申请费；督促程序终结后，工会组织另行起诉的，按照《诉讼费用交纳办法》第十三条规定的财产案件受理费标准交纳诉讼费用。

中国工运事业和工会工作"十四五"发展规划

（2021 年 7 月 16 日中华全国总工会发布）

目　　录

——构建新发展格局工会面临新要求。

二、“十四五”时期中国工运事业和工会工作的总体要求

3. 指导思想。

4. 基本原则。

——坚持党的领导。

——坚持正确方向。

——坚持服务大局。

——坚持职工为本。

——坚持改革创新。

——坚持法治保障。

5. 主要目标。

——工会理论武装得到新加强。

——职工思想引领取得新进展。

——职工建功立业展现新作为。

——维护职工权益取得新实效。

——服务职工水平实现新提升。

——工会组织建设呈现新活力。

三、加强职工思想政治引领，团结引导职工坚定不移听党话、跟党走

6. 以习近平新时代中国特色社会主义思想武装职工。

7. 以理想信念教育职工。

8. 以社会主义核心价值观引领职工。

9. 以先进职工文化感染职工。

四、深化产业工人队伍建设改革，在推动高质量发展中充分发挥工人阶级主力军作用

10. 促进产业工人队伍建设改革走深走实。

11. 推动构建产业工人全面发展制度体系。

12. 广泛深入持久开展劳动和技能竞赛。

13. 大力弘扬劳模精神、劳动精神、工匠精神。

五、高举维护职工合法权益旗帜，增强职工群众获得感幸福感安全感

14. 维护职工劳动经济权益。

15. 维护职工民主政治权利。

16. 维护新就业形态劳动者合法权益。

17. 做好农民工维权服务工作。

18. 提升女职工维权服务水平。

六、建立健全高标准职工服务体系，不断提升职工生活品质

19. 加强服务阵地建设。

20. 健全困难职工家庭常态化帮扶机制。

21. 实施提升职工生活品质行动。

22. 打造服务职工系列品牌。

七、构建和谐劳动关系，推动共建共治共享社会治理

23. 加大劳动法律法规源头参与力度。

24. 推动完善构建和谐劳动关系制度机制。

25. 推进工会工作法治化建设。

26. 健全落实“五个坚决”要求的长效机制。

八、加快智慧工会建设，打造工会工作升级版

27. 构建基于大数据技术的工会治理能力提升体系。

28. 构建基于互联网技术的工会服务应用创新体系。

29. 构建基于云计算技术的工会网信基础支撑体系。

30. 巩固发展工会网上舆论阵地。

九、深化工会和职工对外交流交往合作，为推动构建人类命运共同体作贡献

31. 拓展工会和职工国际交流交往合作的深度和广度。

32. 加强与港澳台工会组织和劳动界交流合作。

十、深化工会改革创新，推动新时代工会工作高质量发展

33. 系统谋划推进工会改革。

34. 健全工会工作制度机制。

35. 激发基层工会活力。

36. 改进完善工会组织体系。

37. 充分发挥产业工会作用。

38. 深化财务管理改革。

39. 加强工会经费审查审计监督。

40. 提高工会资产管理效能。

十一、坚持以党的政治建设为统领，提高工会工作能力和水平

41. 全面加强工会系统党的建设。

42. 深化工会干部队伍建设。

43. 不断拓宽工会理论研究新路子。

十二、加强规划落实的组织保障

44. 加强组织领导。

45. 加强支撑保障。

46. 加强总结推广。

“十四五”时期是我国全面建成小康社会、实现第一个百年奋斗目标之后，乘势而上开启全面建设社会主义现代化国家新征

程、向第二个百年奋斗目标进军的第一个五年，是中国工运事业和工会工作围绕中心、服务大局，立足新发展阶段、贯彻新发展理念、推动构建新发展格局，履行职责使命，实现高质量发展的五年。党的十九届五中全会审议通过的《中共中央关于制定国民经济和社会发展第十四个五年规划和二〇三五年远景目标的建议》和十三届全国人民代表大会第四次会议审查批准的《中华人民共和国国民经济和社会发展第十四个五年规划和 2035 年远景目标纲要》擘画了我国未来 5 年和 15 年发展的宏伟蓝图。实现这一奋斗目标，工人阶级使命光荣，工会组织责任重大。为充分发挥工会组织作用，团结动员亿万职工为全面建设社会主义现代化国家、实现中华民族伟大复兴的中国梦贡献智慧和力量，特制定本规划。

一、开创中国工运事业和工会工作新局面

1. 党的十八大以来中国工运事业和工会工作蓬勃发展。在以习近平同志为核心的党中央坚强领导下，我国工人阶级以高度的主人翁使命感和历史责任感，积极投身进行伟大斗争、建设伟大工程、推进伟大事业、实现伟大梦想的火热实践，推动党和国家事业取得决定性成就、发生历史性变革。各级工会坚持以习近平新时代中国特色社会主义思想为指导，学习贯彻习近平总书记关于工人阶级和工会工作的重要论述，以保持和增强工会组织和工会工作政治性、先进性、群众性为主线，忠诚履职、积极作为，各项工作取得了显著成效。思想政治引领明显加强，职工团结奋斗的思想基础更加巩固；劳模精神、劳动精神、工匠精神有力弘扬，工人阶级主力军作用充分发挥；维权服务力度不断加大，职工群众获得感、幸福感、安全感不断提升；产业工人队伍建设改革扎实推

进,产业工人地位作用更加彰显;工会改革创新持续深化,工会组织吸引力凝聚力战斗力切实增强;工会系统党的建设全面加强,风清气正的政治生态进一步形成。这些成绩的取得,是在党的领导下各级工会组织与广大职工努力奋斗的结果,为“十四五”时期工运事业和工会工作发展奠定了坚实基础。

2.“十四五”时期中国工运事业和工会工作面临新形势新任务新要求。

——进入新发展阶段工会面临新形势。新发展阶段是我们党带领人民迎来从站起来、富起来到强起来历史性跨越的新阶段,是我国社会主义发展进程中的一个重要阶段。我国发展的内部条件和外部环境发生深刻复杂变化。当今世界正经历百年未有之大变局,新一轮科技革命和产业变革深入发展,新冠肺炎疫情影响广泛深远,经济全球化遭遇逆流。我国已转向高质量发展阶段,既具有制度优势显著、治理效能提升、经济长期向好等优势和条件,同时又面临发展不平衡不充分问题仍然突出、重点领域关键环节改革任务仍然艰巨、创新能力不适应高质量发展要求等问题。面对复杂多变的国际国内形势,工会面临的机遇和挑战都前所未有。如何把握“两个大局”,心怀“国之大者”,在纷繁复杂的国际局势中保持清醒、坚守定力,在艰巨繁重的改革发展稳定任务中实现好维护好发展好广大职工合法权益,团结动员广大职工为促进高质量发展贡献智慧和力量,为全面建设社会主义现代化国家开好局起好步建功立业,成为摆在各级工会面前的重大课题。

——贯彻新发展理念工会面临新任务。党的十九届五中全会强调要坚定不移贯彻新发展理念,将新发展理念贯穿“十四五”

规划和2035年远景目标的全过程和全领域。各级工会组织必须适应职工队伍规模结构、就业方式、分配方式、利益诉求、思想观念的深刻变化，适应新技术新业态新模式背景下劳动关系的深刻调整，提高贯彻新发展理念的思想自觉和行动自觉。贯彻创新发展理念，要求工会必须尊重基层和职工群众的首创精神，把蕴藏在职工群众中的创造活力激发出来；推进工会自身改革，切实解决工会组织体制机制不够完善、工作载体手段不够丰富、服务群众工作本领有待增强等问题。贯彻协调发展理念，要求工会必须树立全国工会“一盘棋”理念，既全面推进、又突出重点，加强分类指导，解决好发展不平衡的问题，增进工作的系统性、整体性、协同性。贯彻绿色发展理念，要求工会把绿色发展理念融入职工的生产生活实践，引导广大职工践行绿色生产生活方式。贯彻开放发展理念，要求工会坚持开门办会，让职工群众充分参与到工会工作中来，积极运用社会资源和力量推动工会工作；加大中国工会和职工对外交流交往力度，有力服务国家总体外交。贯彻共享发展理念，要求工会必须贯彻以人民为中心的发展思想，切实履行维护职工合法权益、竭诚服务职工群众的基本职责，让改革发展成果更多更公平惠及职工群众，在推动实现共同富裕中展现工会作为。

——构建新发展格局工会面临新要求。新发展格局是以习近平同志为核心的党中央积极应对国际国内形势变化、与时俱进提升我国经济发展水平、塑造国际经济合作和竞争新优势而作出的战略抉择。构建以国内大循环为主体、国内国际双循环相互促进的新发展格局，需要工会深刻认识国际国内复杂形势变化，特别是中美经贸摩擦、供给侧结构性改革等对职工队伍和工会工作带来的影响，立足国内办好自己的事情，找准结合点、切入点、着力点，发挥政治优势、组织优势、制度优势、群众优势、资源优势，将职工的思想凝聚到促进高质量发展上来，将职工的力量汇聚到建功立业上来；围绕扩大内需这个战略基点，积极加强就业创业服务，推动构建收入分配新格局、完善社会保障体系，在发展基础上努力提高职工收入水平，提高消费意愿和能力，在满足职工美好生活需要的同时，为扩大内需、促进双循环特别是国内经济大循环奠定厚实基础；围绕创新驱动这个关键所在，以深化产业工人队伍建设改革为抓手增强发展的内生动力，瞄准提升产业基础高级化、产业链现代化水平等目标，持续提升产业工人队伍素质、激发创新创造活力，在关键核心技术攻关、解决“卡脖子”等问题上发挥作用，推动实现高水平科技自立自强，使产业工人成为支撑中国制造、中国创造的重要力量。

二、“十四五”时期中国工运事业和工会工作的总体要求

3. 指导思想。以习近平新时代中国特色社会主义思想为指导，全面贯彻党的十九大和十九届二中、三中、四中、五中全会精神，学习贯彻习近平总书记关于工人阶级和工会工作的重要论述，增强“四个意识”、坚定“四个自信”、做到“两个维护”，围绕把握新发展阶段、贯彻新发展理念、构建新发展格局、推动高质量发展，坚持稳中求进工作总基调，牢牢把握为实现中华民族伟大复兴中国梦而奋斗的工运时代主题，坚定不移走中国特色社会主义工会发展道路，以保持和增强工会组织和工会工作政治性、先进性、群众性为主线，以产业工人队伍建设改革和工会改革为动力，以推动工会工作高质量发展为着力点，使职工的理想信念更加坚定，权益保障更加充分，劳动关系更加和谐，党执政的阶级基础和群众基础更加牢固，广大职工在全面建设社会主义现代化国家开好局、起好步中主力军作用更加彰显。

4. 基本原则。

——坚持党的领导。将自觉接受党的领导作为工会根本政治原则，把党的政治建设摆在首位，全面贯彻党的基本理论、基本路线、基本方略，不折不扣将党中央决策部署贯彻到工会各项工作中去，将党的意志主张落实到广大职工中去，充分发挥党联系职工群众的桥梁纽带作用，团结引导广大职工坚定不移听党话、矢志不渝跟党走，始终做党执政的坚实依靠力量。

——坚持正确方向。持之以恒以党的创新理论武装头脑、指导实践、推动工作，不断提高政治判断力、政治领悟力、政治执行力，始终在政治立场、政治方向、政治原则、政治道路上同以习近平同志为核心的党中央保持高度一致。

——坚持服务大局。围绕党和国家工作大局，谋划和推进工会工作，坚持在大局下思考、大局下行动，组织动员广大职工充分发挥工人阶级主力军作用，以满腔热情投身全面建设社会主义现代化国家的伟大实践。

——坚持职工为本。牢固树立以职工为中心的工作导向，把联系和服务职工作为工会工作的生命线，扎实履行维护职工合法权益、竭诚服务职工群众的基本职责，不断提升职工群众的获得感、幸福感、安全感，推动实现共同富裕。

——坚持改革创新。系统谋划和扎实推进工会改革，坚持系统观念，增强统筹意识，发挥改革的突破性和引导性作用，着力破除制约工会高质量发展、影响职工高品质生活的体制机制障碍，固根基、扬优势、补短板、强弱项，不断推动工会理论创新、体制创新、工作创新，把改革创新贯穿于工会工作全过程和各方面。

——坚持法治保障。按照全面推进依法治国总目标要求，自觉把工会工作置于法治国家、法治政府、法治社会建设全局中谋划和推进，坚持依法建会、依法管会、依法履职、依法维权，不断提升工会法治化建设水平，推动国家治理体系和治理能力现代化。

5. 主要目标。今后 5 年，工运事业和工会工作发展要坚持目标导向和问题导向相结合，坚持守正和创新相统一，努力实现以下主要目标：

——工会理论武装得到新加强。习近平新时代中国特色社会主义思想更加深入人心，学习贯彻习近平总书记关于工人阶级和工会工作的重要论述取得重要理论成果和实践成效，运用马克思主义立场、观点、方法解决实际问题的能力切实加强。

——职工思想引领取得新进展。面向职工群众的理论宣讲形成制度性安排，党的创新理论不断走近职工身边、走进职工心里；理想信念教育常态化开展、制度化推进，“中国梦·劳动美”主题宣传教育活动更加丰富，广大职工在理想信念、价值理念、道德观念上紧紧团结在一起，对中国特色社会主义的道路自信、理论自信、制度自信、文化自信不断增强。

——职工建功立业展现新作为。广大职工主人翁意识进一步增强，劳模精神、劳动精神、工匠精神大力弘扬，劳动和技能竞赛广泛深入持久开展，群众性创新活动成果显著；产业工人队伍建设改革取得突破性进展，在推动高质量发展中的工人阶级主力军作用充分彰显。

——维护职工权益取得新实效。劳动法律法规体系不断完善，职工合法权益维护机制不断健全，新就业形态劳动者建会入会和权益维护形成制度保障，劳动关系协调机制有效运行，工会参与劳动争议预防调处化解的水平不断提升，维护劳动领域安全稳定体系和能力建设有效推进，在助推建设更高水平的平安中国中作用积极发挥。

——服务职工水平实现新提升。联系服务职工长效机制建立健全，工会服务阵地建设明显加强，服务职工“最后一公里”问题有效解决，困难职工家庭常态化帮扶机制有效运行，工会服务职工品牌项目叫响做实。

——工会组织建设呈现新活力。工会改革创新持续深化，联系广泛、服务职工的工会工作体系日益健全，智慧工会建设取得实质性进展，基层工会组织设置、运行机制进一步健全，基层基础薄弱问题得到有效解决，工会组织覆盖面不断扩大、凝聚力进一步增强。

三、加强职工思想政治引领，团结引导职工坚定不移听党话、跟党走

6. 以习近平新时代中国特色社会主义思想武装职工。建立健全职工思想政治工作的领导体制和工作机制，完善党的创新理论和工会理论下基层长效机制，落实基层联系点、送教到基层等制度，建立健全企业班组常态化学习制度，组织专家、学者、先进人物等广泛开展有特色、接地气、入人心的宣传宣讲活动，推动习近平新时代中国特色社会主义思想进企业、进车间、进学校、进教材、进头脑，打牢广大职工团结奋斗的思想基础。

7. 以理想信念教育职工。深化中国特色社会主义和中国梦宣传教育，加强爱国主义、集体主义、社会主义教育，弘扬党和人民在各个历史时期奋斗中形成的伟大精神，深入开展“永远跟党走”、“党旗在基层一线高高飘扬”等系列主题宣传教育活动，在广大职工中唱响共产党好、社会主义好、改革开放好、伟大祖国好、各族人民好的时代主旋律。广泛开展党史学习教育，高质量完成学习教育各项任务，引领广大职工学史明理、学史增信、学史崇德、学史力行。深入开展党史、新中国史、改革开放史、社会主义发展史宣传教育，引导广大职工群众深刻认识中国共产党为什么能、马克思主义为什么行、中国特色社会主义为什么好，增强听党话、跟党走的思想自觉和行动自觉。围绕2025年全总成立100周年，组织召开系列庆祝活动；推动建立中国工运史馆，探索筹建国家劳模风采展示馆或博物馆，加强对红色工运的重要人物、重要遗址（旧址）、重大事件、重点纪念场馆等的梳理发掘、修建修缮、展示展陈等综合性保护、修复、开发工作；组织开展百年中国工运史宣传教育，向全社会广泛宣传工人阶级和工人运动的光荣历史、奋斗历程、辉煌成就；组织开展百年中国工运史系列研究。推动理想信念教育常态化制度化，通过劳模宣讲、演讲比赛、知识竞赛、读书诵读等方式，运用“学习强国”、职工书屋等学习平台，引导广大职工紧跟共产党、奋进新时代。

8. 以社会主义核心价值观引领职工。坚持把社会主义核心价值观融入职工生产生活，内化为职工的情感认同和行为习惯。深入开展以劳动创造幸福为主题的宣传教育，推动建立健全新时代劳动教育理论和实践体系。深化以职业道德为重点的社会公德、职业道德、家庭美德、个人品德等“四德”建设，组织开展全国职工职业道德建设评选表彰。积极参与群众性精神文明创建活动，推进家庭、家教、家风建设，广泛开展学雷锋志愿活动，展示新时代职工文明形象。

9. 以先进职工文化感染职工。推动建立健全党委领导、行政支持、工会运作、职工参与的职工文化共建共享机制。丰富职工文化产品供给。打造“中国梦·劳动美”系列职工文化品牌，每年举办“中国梦·劳动美”——庆祝“五一”国际劳动节特别节目，广泛组织开展职工运动会、职工文艺展演、职工艺术节等全国性、区域性、行业性职工文体活动。加强职工文化阵地建设。探索建立以全总文工团为主体的职工艺术阵地联盟，整合工人文化宫、职工艺术院团资源，推动在街道社区、产业园区、商圈楼宇等职工聚集区建设职工文化场馆，构建立体化、多元化职工文化服务网络。建好、管好、用好职工书屋，力争到 2025 年底全国工会职工书屋示范点达到 1.6 万家，带动各级工会自建职工书屋达到 15 万家，实现各类便利型阅读点、劳模工匠书架广泛覆盖；电子职工书屋覆盖职工逾 5000 万人，基本形成覆盖大多数职工的工会阅读推广服务体系。创新文化服务方式。搭建“互联网 + 职工文化”平台，推动职工文化网络化传播，为职工提供“菜单式”、“订单式”文化服务；持续开展“阅读经典好书争当时代工匠”、“玫瑰书香”等主题阅读活动。加强职工文化人才队伍建设。打造一支专业化、社团化、志愿化相结合的职工文化人才队伍，培育一批德艺双馨、具有一定社会影响力的职工文化建设领军人才，创作一批思想性强、艺术性高、社会影响大、群众口碑好的精品力作。

四、深化产业工人队伍建设改革，在推动高质量发展中充分发挥工人阶级主力军作用

10. 促进产业工人队伍建设改革走深走实。按照政治上保证、制度上落实、素质上提高、权益上维护的总体思路，围绕造就一支有理想守信念、懂技术会创新、敢担当讲奉献的宏大的产业工人队伍,聚焦产业工人思想引领、建功立业、素质提升、地位提高、队伍壮大等重点任务,总结推进产业工人队伍建设改革以来取得的经验,查找存在的问题与不足,推动产业工人队伍建设改革向纵深发展、向基层延伸。坚持党委统一领导,政府有关部门各司其职,工会、行业协会、企业代表组织充分发挥作用,统筹社会组织的协同力量,完善合力推进产业工人队伍建设改革的工作格局。充分发挥产业工人队伍建设改革协调小组作用,强化贯彻落实协调机制,履行工会宏观指导、政策协调、组织推进、督促检查的职责,每年制定产业工人队伍建设改革要点,压实部门责任,强化分类指导,增强改革的系统性、整体性、协同性。健全产业工人队伍建设改革情况监督检查和信息反馈制度,推动各地将产业工人队伍建设改革纳入各级党委和政府目标考核体系,建立党委和政府联合督查督办工作机制。建立产业工人队伍建设改革效能评估机制,开展改革情况绩效评估,探索实行第三方评估,确保改革举措落地见效。探索建立企业主体作用发挥机制,保护企业人才培养积极性。鼓励各地、各相关责任单位因地制宜大胆探索试点,形成一批具有部门、地方、产业和企业特色的改革成果。

11. 推动构建产业工人全面发展制度体系。强化系统集成,在系统梳理整合现有政策制度基础上,突出补齐制度缺项和政策短板,推动形成系统完备、科学规范、运行高效的制度体系,着力提升改革的政策效能。健全保障产业工人主人翁地位制度体系,完善产业工人参政议政制度,提高产业工人在各级党组织、人大、政协、群团组织代表大会代表和委员会委员中的比例;探索实行产业工人在群团组织挂职和兼职制度。健全产业工人技能形成制度体系,重点推动完善现代职业教育制度、职工技能培训制度、高技能人才培养机制、“互联网＋”培训机制等，畅通技术工人成长成才通道；实施高技能领军人才和优秀产业技术紧缺人才境外培训计划；构建“互联网＋职工素质建设工程”模式，完善中国职工经济技术信息化服务平台，做大做精做强全国产业工人学习社区，加强“技能强国——全国产业工人技能学习平台”建设，推进技能实训基地建设，拓展工会职业培训空间。健全产业工人发展制度体系，推动完善职业技能评价制度、体现技能价值激励导向的工资分配制度、个人学习账号和学分累计制度等，促进学历、非学历教育与职业培训衔接互认，搭建产业工人成长平台。健全产业工人队伍建设支撑保障制度体系，推动完善财政和社会多元投入机制，发挥工会职工创新补助资金作用，加大对产业工人创新创效扶持力度。

12.广泛深入持久开展劳动和技能竞赛。制定并落实“十四五”劳动和技能竞赛规划，推动建立健全职工劳动和技能竞赛体系。围绕国家重大战略、重大工程、重大项目、重点产业，广泛深入持久开展“建功‘十四五’、奋进新征程”主题劳动和技能竞赛。聚焦推动西部大开发形成新格局、推动东北振兴取得新突破、推动中部地区高质量发展战略，以及推进京津冀协同发展、长江经济带发展、粤港澳大湾区建设、长三角一体化发展、成渝地区双城经济圈、黄河流域生态保护等开展区域性劳动和技能竞赛，搭建交流合作平台，助力区域协调发展；按照国家碳达峰、碳中和部署，聚焦推动绿色发展，组织职工节能减排竞赛，推进重点行业和重要领域绿色化改造。以技术创新为导向，创新竞赛方式和载体，发挥网络平台作用，增强活动的便利性和群众性；加强非公企业劳动和技能竞赛工作，探索新产业新业态开展竞赛的新形式。

积极推动将新职业新工种纳入职业分类大典，加强对全国职工职业技能竞赛的规划和指导，联合人力资源社会保障部等部门定期举办全国职工职业技能大赛，与有关部门共同主办国家级一类、二类等职业技能竞赛，指导带动各地层层开展技能比赛，打造职工技能竞赛品牌。组织职工积极参加技术革新、技术协作、发明创造、合理化建议、网上练兵和“小发明、小创造、小革新、小设计、小建议”等群众性创新活动。

13. 大力弘扬劳模精神、劳动精神、工匠精神。学习贯彻习近平总书记在全国劳动模范和先进工作者表彰大会上重要讲话精神，加大对劳动模范和先进工作者的宣传力度，讲好劳模故事、讲好劳动故事、讲好工匠故事，营造劳动光荣的社会风尚和精益求精的敬业风气。进一步做好劳模培养选树和管理服务工作，完善全国工会劳模工作管理平台，推动完善劳模政策，提升劳模地位，落实劳模待遇，形成尊重劳动、尊重知识、尊重人才、尊重创造良好氛围。做好劳模和五一劳动奖、工人先锋号等评选表彰工作，持续开展“最美职工”、“大国工匠”等主题宣传，“十四五”期间重点选树宣传100名左右的劳模工匠先进典型，加快培育、选树一批在全国有影响力、在行业有号召力的领军型劳模，打造新时代劳动者的标杆旗帜。加大劳模教育培养力度，鼓励各级工会开展劳模教育培训，叫响做实由劳模学员、劳模辅导员、劳模学院、劳模宣讲团等构成的“劳模+”品牌。用好全国劳模专项补助资金，深入开展劳模定期走访慰问、及时帮扶救助、开展健康体检和疗休养等工作。深化劳模和工匠人才创新工作室创建工作，加强分级分类管理，形成以全国示范性创新工作室为引领、以省市级创新工作室为主体、基层创新工作室蓬勃发展的工作体系，确保到

2025 年底全国示范性劳模和工匠人才创新工作室达到 500 家左右,各级各类创新工作室达到 15 万家。规范和推广“港口工匠创新联盟”等做法,探索创建跨区域、跨行业、跨企业的创新工作室联盟,指导开展创新工作室联盟试点。深化新时代工匠学院建设。统筹各地工匠人才选树、命名、宣传,推动设立国家级大国工匠评选表彰奖项。开展创新工作室领衔人培训、交流等活动,积极组织推荐创新工作室的成果和专利参加各类奖项评选和展示交流。加强劳模和工匠人才创新工作室信息化管理,进一步完善创新工作室网络工作平台。举办大国工匠创新交流大会、职工创新创业博览会。探索全国职工技能成果转化工作,指导各地做好先行先试工作。深入开展“大国工匠进校园”、“劳模进校园”、“奋斗的我·最美的国”新时代先进人物进校园活动。

“十四五”时期工会“素质提升”指标

具体指标	发展目标
1. 劳模选树管理	“十四五”期间,重点选树宣传 100 名左右的劳模工匠先进典型。
2. 职工技能培训	“十四五”期间,每年帮助 30 万名职工特别是农民工提升学历水平;年均培训家政服务人员 20 万人次。
3. 创新工作室建设	到 2025 年底,全国示范性劳模和工匠人才创新工作室达到 500 家左右,各级各类创新工作室达到 15 万家。
4. 职工书屋和电子职工书屋	到 2025 年底,全国工会职工书屋示范点达到 1.6 万家,带动各级工会自建职工书屋达到 15 万家,电子职工书屋覆盖职工逾 5000 万人。

五、高举维护职工合法权益旗帜，增强职工群众获得感幸福感安全感

14. 维护职工劳动经济权益。高度关注深化供给侧结构性改革，实现碳达峰、碳中和目标中的产业结构转型、绿色转型等对就业结构、就业方式等带来的影响，加大对职工就业、收入分配、社会保障、劳动安全卫生等权益的维护力度。积极推动落实就业优先政策，参与就业创业政策制定，深化工会就业创业服务，广泛开展工会就业创业系列服务活动月以及“京津冀蒙跨区域招聘”、“阳光就业暖心行动”等活动，加强“工 E 就业”、“工会就业服务号”等全国工会就业服务网上平台建设，推动工会网上就业服务体系化建设。积极开展就业技能培训，深入推进以训稳岗；鼓励引导各地工会开展家政服务人员培训，年均培训达到 20 万人次，每年至少推树 30 名“最美家政人”。推动劳务派遣用工依法规范，促进共享用工规范有序。推动各地合理调整最低工资标准。指导企业依法开展工资集体协商，促进企业健全反映劳动力市场供求关系和企业经济效益的工资决定和合理增长机制；总结指导企业技能要素参与分配的经验做法，推动提高技术工人待遇政策的落实。推动完善职工社会保险制度和分层分类社会救助体系，健全覆盖全民、统筹城乡、公平统一、可持续的多层次社会保障体系。做好工会劳动保护工作，加强对职工安全生产和职业健康知识的教育培训，提高职工事故防范、应急处置和自我保护能力；在重点行业领域探索开展职工安全技能竞赛，深化“安康杯”竞赛等群众性安全生产和职业健康活动。发挥工会劳动保护监督检查作用，督促企业落实安全生产和职业病防治主体责任。积极参加国家安全生产工作巡查、督查、考核和生产安全事故调查处理工作,维护好伤亡职工的合法权益。在重点行业中推行劳动安全卫生专项集体合同制度。

15. 维护职工民主政治权利。推动企业民主管理立法和有关政策的制定完善,创新民主管理实践形式,深化民主管理载体建设。推动健全省级厂务公开协调领导机构。进一步健全以职工代表大会为基本形式的企事业单位民主管理制度体系,加强职工代表大会、厂务公开以及职工董事职工监事的制度衔接,促进职代会与集体协商、工会劳动法律监督、法律援助等有机结合,融入企业内部自主调处、群体性劳动关系矛盾快速处置机制。聚焦国企改革三年行动计划落实,推进企业集团职代会制度建设,推动将职工代表大会等企业民主管理纳入公司章程,融入企业治理结构和管理体系,探索中国特色现代企业制度下的民主管理实现途径。深化创新区域(行业)职工代表大会制度,强化分类指导,积极扩大民主管理工作对中小微企业的有效覆盖。制定企业民主管理程序指引或操作指南。坚持每年开展企业民主管理师资培训。深入开展“聚合力、促发展”职工代表优秀提案征集推荐活动、全国厂务公开民主管理评选表彰活动。

16. 维护新就业形态劳动者合法权益。配合人社部门研究制定维护新就业形态劳动者劳动保障权益政策。积极推动新就业形态劳动者参加社会保险制度,推动研究出台新就业形态劳动者职业伤害保障办法等相关政策措施。推动灵活用工集中的行业制定劳动定额指导标准。加强平台网约劳动者收入保障,推动平台企业、关联企业与劳动者就劳动报酬、支付周期、休息休假和职业安全保障等事项开展协商。推动平台网约劳动者民主参与,督促平台运营企业建立争议处理、投诉机制。指导推动快递、外卖、网约出行、网约货运、家政、保洁等灵活就业人员较多的行业建立、完善劳动者权益保障机制，加强对平台网约劳动者的法律援助和生活服务。积极参与国家企业社会责任制度建设，推动落实企业社会责任。加强对各类社会组织和新阶层新群体的主动关注、积极联系、有效覆盖。

17. 做好农民工维权服务工作。建立健全工会系统欠薪报告制度和欠薪案件反馈督办机制，推动解决拖欠农民工工资问题，深入实施农民工学历与能力提升行动计划，深化农民工“求学圆梦行动”，设立专项扶持资金，每年帮助30万名职工特别是农民工提升学历水平。深入开展“尊法守法·携手筑梦”服务农民工公益法律服务行动，健全农民工法律援助服务网络，开辟农民工劳动争议案件“绿色通道”。创新农民工组织形式和入会方式，逐步建立城乡一体的农民工流动会员管理制度，提高农民工入会的积极性和主动性。推进农民工平等享受城镇基本公共服务。

18. 提升女职工维权服务水平。积极参与性别平等和女职工权益保障法律法规政策制定修订，推动用人单位建立健全工作场所性别平等制度机制，推行女职工权益保护专项集体合同，促进家庭友好型工作场所建设，帮助职工平衡工作与家庭。强化监督维权，协调推动侵害女职工权益案件调查处理；组织开展女职工维权行动月活动，深化普法宣传到基层活动。实施“女职工关爱行动”，管好用好“关爱女职工专项基金”，做好女职工“两癌”检查、女职工休息哺乳室建设、工会爱心托管服务、“会聚良缘”工会婚恋服务等工作。加强对适婚职工的婚恋观、家庭观教育引导，重视和做好应对人口老龄化国家战略、实施三孩生育政策中女职工就业、生育保险、休息休假等权益维护工作。

六、建立健全高标准职工服务体系，不断提升职工生活品质

19. 加强服务阵地建设。推进“会、站、家”一体化建设，加强枢纽型社会组织平台功能建设。培育壮大基层工会服务阵地，拓展服务项目，整合社会资源，推动开放共享，实现区域内职工活动与服务基本覆盖。按照“突出公益、聚焦主业、自主经营、依法监管”的工作要求，更好发挥工人疗休养院、工人文化宫、职工互助保障组织等服务职工的作用。加强工人文化宫规范化建设管理，“十四五”期间，全国建设100家标准化工人文化宫，推动经济较发达、职工人数多的县（县级市）实现工人文化宫建设全覆盖；整合工会资源，把县级工人文化宫打造成工会组织综合服务阵地。推进工人疗休养院改革发展，提升综合服务水平，“十四五”期间，各省级总工会至少有一家具有区位和资源优势、具有特色疗养服务和较强接待能力的工人疗休养院，全国工会每年组织劳模、职工疗休养达到500万人次，其中技术工人疗休养达到100万人次。充分发挥职工互助保障组织作用，加强和规范职工互助保障活动管理，推动实现全国职工互助保障活动省级统筹或管理，到2025年底参加职工互助保障活动的会员达到8000万人次左右，会员受益面和保障程度同步提高。加强职工院校和职业培训机构建设。推动职工旅行社、工会宾馆等积极承担劳模、职工疗休养等公益服务业务。

20. 健全困难职工家庭常态化帮扶机制。积极参与社会救助制度顶层设计，促进困难职工帮扶与社会救助体系相衔接。巩固拓展解困脱困工作成果，健全困难职工家庭生活状况监测预警机制和常态化帮扶机制。积极争取各级财政、社会资源、工会经费等多渠道投入帮扶资金，对深度困难、相对困难、意外致困等不同

困难类型的困难职工家庭精准帮扶、分类施策，形成层次清晰、各有侧重、有机衔接的梯度帮扶工作格局，每年保障 5 万户以上深度困难职工家庭生活，解决 15 万户以上相对困难职工家庭、意外致困家庭生活暂时困难，引入公益慈善、爱心企业、志愿服务、专业机构等各类社会资源，推进困难职工帮扶与政府救助、公益慈善力量有机结合。推进"以工代赈"式救助帮扶，强化物质帮扶与扶志、扶智相结合，有效激发困难职工家庭解困脱困的内生动力。

21. 实施提升职工生活品质行动。以精准服务为导向，以满足职工美好生活需要为目标，制定实施工会提升职工生活品质行动方案，推行工会服务职工工作项目清单制度；建立工会帮扶工作智能化平台，健全工会服务职工满意度评价机制。开展帮扶中心赋能增效和幸福企业建设试点工作，提升职工服务中心（困难职工帮扶中心）综合服务职工功能，深入推进职工生活幸福型企业建设工作，精准对接社会资源与职工需求，培育一批服务项目，引导企业改善职工生产生活条件。2021 年完成 20 家试点职工服务中心（困难职工帮扶中心）的综合服务能力建设、50 家职工生活幸福型企业的标准化建设，孵化 100 家服务职工类社会资源；到 2025 年底实现县级以上工会职工服务中心（困难职工帮扶中心）综合服务职工能力全面提升，1 万家企业完成职工生活幸福型企业标准化建设。

22. 打造服务职工系列品牌。健全完善常态化送温暖机制，继续叫响做实送温暖、金秋助学、阳光就业、职工医疗互助、工会法律援助、关爱农民工子女等工会工作传统品牌。"十四五"期间，各级工会每年筹集送温暖资金 30 亿元以上，走访慰问各类职工 500 万人以上。规范工会户外劳动者服务站点建设，引导更多社会资源参与，分批次推树 1 万个最美工会户外劳动者服务站点，设立专项奖补资金。做实叫响职工之家品牌，规范开展全国模范职工之家评选表彰，到 2025 年底建立起完善的模范职工之家动态复查监管机制。发挥模范职工之家示范引领作用，探索开展模范职工之家“结对共建”活动，普遍提升职工之家建设质量。加快推进工会志愿服务体系建设，建设管理服务平台，打造职工志愿服务品牌。按照“机制不变、力度不减、突出重点、建立品牌”的总体思路，聚焦思想引领、建功立业、劳动关系协调、就业帮扶、工会自身建设等重点任务，深入开展第三轮全国工会对口援疆援藏工作；帮助定点帮扶县巩固拓展脱贫攻坚成果，实现同乡村振兴有效衔接。

“十四五”时期工会“精准服务”指标	
具体指标	发展目标
1. 解困脱困长效机制	“十四五”期间，每年保障 5 万户以上深度困难职工家庭生活，解决 15 万户以上相对困难职工家庭、意外致困家庭生活暂时困难。
2. 职工服务中心和职工生活幸福型企业建设	2021 年完成 20 家试点职工服务中心（困难职工帮扶中心）的综合服务能力建设、50 家职工生活幸福型企业的标准化建设，孵化 100 家服务职工类社会资源；到 2025 年底，实现县级以上工会职工服务中心（困难职工帮扶中心）综合服务职工能力全面提升，1 万家企业完成职工生活幸福型企业标准化建设。
3. 工会传统帮扶品牌	“十四五”期间，各级工会每年筹集送温暖资金 30 亿元以上，走访慰问各类职工 500 万人以上。
4. 职工文化阵地建设	“十四五”期间，全国建设 100 家标准化工人文化宫，推动经济较发达、职工人数多的县（县级市）实现工人文化宫建设全覆盖。

续表

具体指标	发展目标
5. 工人疗休养	“十四五”期间，各省级总工会至少有一家具有区位和资源优势、具有特色疗养服务和较强接待能力的工人疗休养院，全国工会每年组织劳模、职工疗休养达到500万人次，其中技术工人疗休养达到100万人次。
6. 职工互助保障	到2025年底，参加职工互助保障的会员达到8000万人次左右。
7. 最美工会户外劳动者服务站点	“十四五”期间，分批次推树1万个最美工会户外劳动者服务站点。

七、构建和谐劳动关系，推动共建共治共享社会治理

23. 加大劳动法律法规源头参与力度。积极推动和参与全国人大与社会组织协商立法的制度机制建设，推动涉及职工切身利益的法律法规政策制定和修改。推动和参与《工会法》修订完善，推动制定《基本劳动标准法》、《集体合同法》、《企业民主管理法》等相关劳动法律法规，进一步完善工会协调劳动关系法律制度体系。

24. 推动完善构建和谐劳动关系制度机制。进一步推动贯彻落实《中共中央　国务院关于构建和谐劳动关系的意见》，完善工会劳动关系发展态势监测和分析研判机制，打造来源可靠、覆盖广泛、运行顺畅、反应迅速的工会劳动关系监测系统，建设具有工会特色的劳动关系数据库。促进健全劳动关系协调机制，探索推进工会劳动关系调处标准化建设，构建劳动争议受理、调查、协调、调解、签约、结案、回访、归档等一体化业务标准体系；进一步健全协调劳动关系三方组织体系，重点推动工业园区、乡镇（街道)和行业系统建立三方机制,努力构建多层次、全方位、网格化劳动关系协商协调格局。大力推进行业性、区域性集体协商。以正常经营、已建工会的百人以上企业为重点,巩固集体协商建制率,确保重点企业单独签订集体合同率动态保持在80%以上;推动企业建立健全多形式多层级的沟通协商机制,应急、应事、一事一议开展灵活协商。开展集体协商质效评估工作,力争到2025年底覆盖60%以上的重点企业。举办城市工会集体协商竞赛活动。加强专职集体协商指导员队伍建设,力争到2025年底,基本实现专职集体协商指导员队伍对县级以上工会组织的全覆盖;加强对从事集体协商工作的工会干部、专职集体协商指导员和职工方协商代表的培训力度,全总每年重点培训100人次,各省、市级总工会每年培训不少于100人次,各县级总工会每年培训不少于30人次。健全完善劳动争议多元化解机制,推进企业和行业性、区域性劳动争议调解组织建设,完善诉调对接工作机制和调解协议履行机制,加强工会参与劳动争议调解工作与人民调解、仲裁调解、司法调解的联动协作和平台对接,不断提升劳动争议调裁审对接工作信息化、智能化水平。完善工会劳动法律法规监督机制,落实《工会劳动法律监督办法》,突出预防和协商的监督理念,重点围绕用人单位恶意欠薪、违法超时加班、违法裁员、未缴纳或未足额缴纳社会保险费等问题,规范和加强工会劳动法律监督工作。推行工会劳动法律监督"一函两书"、劳动用工法律体检、劳动用工监督评估等做法,推动各地工会建立健全与劳动保障监察机构的联动协作机制,全面提升监督实效。开展工会劳动保障法律监督员、劳动人事争议调解员和兼职仲裁员、劳动关系协调员(师)等专项培训。深化和谐劳动关系创建活动,扩大创建活动在非公有制企业和中小企业的覆盖面，推动区域性创建活动由工业园区向企业比较集中的乡镇（街道）、村（社区）拓展。配合行业主管部门构建和谐劳动关系企业指标体系，掌握在企业社会责任认证中的主动权、话语权。推进基层协调劳动关系工作服务站建设，建成一批可复制、可借鉴、可推广的和谐劳动关系示范点。

25. 推进工会工作法治化建设。加强工会法治宣传教育，不断增强职工群众法治观念、法治意识。实施工会系统“八五”普法规划，建设全国工会普法资源库，打造工会法治宣传教育活动品牌，培育工会法治宣传教育基地，壮大普法志愿者队伍。做强做实工会法律服务，加快法律服务站点建设，推进服务触角进一步向基层延伸。切实加强与司法行政部门沟通协作，进一步加大职工法律援助工作力度。评选表彰“全国维护职工权益杰出律师”，吸引和组织更多的社会律师等法律专业人才参与工会法律服务工作。进一步落实工会干部特别是领导干部学法用法制度，不断增强运用法治思维、法治方式开展工会工作的能力和水平。

26. 健全落实“五个坚决”要求的长效机制。认真贯彻落实总体国家安全观，围绕统筹发展和安全，坚持底线思维、增强忧患意识，坚持维权维稳相统一，发扬斗争精神、增强斗争本领，做到守土有责、守土负责、守土尽责，切实维护劳动领域政治安全，促进职工队伍团结统一与社会和谐稳定。参与推进市域社会治理现代化试点和工会系统平安中国建设，建立健全工会系统平安中国建设工作的能力体系。落实“五个坚决”要求，推进工会维护劳动领域安全稳定体系和能力建设，建立健全工会维护劳动领域政治安全长效机制，做好职工队伍稳定风险隐患专项排查化解工作，防患于未然，把风险隐患化解在基层一线、消除在萌芽状态。落实意识形态工作责任制，加强对意识形态风险隐患梳理排查、突发事件引导处置，牢牢掌握劳动领域意识形态斗争主导权。深化工会对劳动领域社会组织政治引领、示范带动、联系服务工作，形成党委全面领导、政府重视支持、工会联系引导、各方密切协作、社会组织专业服务、职工群众广泛参与的工作格局，推动建立创新示范基地，在条件成熟的地方培育孵化党委领导、工会主管的劳动领域社会组织或劳动领域社会组织联合会。健全完善工会信访治理体系，建好全国工会信访工作信息平台，完善信访矛盾多元化解机制，健全完善律师等第三方参与工会信访工作的组织形式和制度化渠道。

"十四五"时期工会"依法维权"指标

具体指标	发展目标
1. 集体合同签订率	到2025年底，确保重点企业（即正常经营、已建工会的百人以上企业）集体合同签订率动态保持在80%以上。
2. 集体协商质效评估	到2025年底，集体协商质效评估工作覆盖60%以上的重点企业。
3. 集体协商指导员队伍建设	到2025年底，基本实现专职集体协商指导员队伍对县级以上工会组织全覆盖；加强对从事集体协商工作的工会干部、专职集体协商指导员和职工方协商代表的培训力度，全总每年重点培训100人次，各省、市级总工会每年培训不少于100人次，各县级总工会每年培训不少于30人次。

八、加快智慧工会建设，打造工会工作升级版

27. 构建基于大数据技术的工会治理能力提升体系。建立和

完善工会数据资源管理体系，建设工会智能数字“云脑”平台、大数据分析研判和决策支撑系统、上下联动的应用市场。应用区块链技术，建立多节点的可信“工会身份链”，打造基于会员实名制数据的数字身份账户系统。整合共享各级工会数据和应用资源，强化基础数据采集校验能力和平台间对接联动，促进工会信息资源开放与应用，实现基础信息资源和业务信息资源的集约化采集、网络化汇聚、精准化管理。通过工会智能数字“云脑”体系，将数据能力和应用能力向各级工会赋能，为加强工会精准服务、业务协同、宏观决策提供技术和数据支撑。

28. 构建基于互联网技术的工会服务应用创新体系。建设全国工会服务平台，打造以媒体宣传、就业服务、技能提升、法律维权、职工帮扶、文化服务为重点的网上服务应用。创新网上普惠服务模式，推行网上普惠服务精准化，提升工会服务平台用户活跃度、满意度。创新工会多元化服务，推进与政务服务、社会服务、企业服务有机结合，实现工会网上服务资源优化配置和共享。构建工会网上服务评价体系。建设工会业务管理和网上协同办公平台，整合全总本级重点业务应用，推动工会工作流程再造、业务功能延伸和领域拓展，实现跨层级、跨地域、跨产业、跨工作部门的网上工作协同。

29. 构建基于云计算技术的工会网信基础支撑体系。完善工会信息基础设施建设，建设全总“工会云”、网络安全态势感知平台、运维平台及灾备系统。编制实施工会系统数据资源标准规范和开放利用标准，做好与国家基础数据库和重大信息化工程之间的标准衔接。加快工会电子政务网络建设，实现与同级政务网络平台安全接入。加强工会网络安全保障体系建设，严格落实网络安全等级保护、商用密码应用等网络安全法律法规和政策标准要求，落实安全可靠产品及国产密码应用，强化重要数据和个人信息保护，在建设和运维运营中同步加强网络安全保护，提升应对处置网络安全突发事件和重大风险防控能力。

30. 巩固发展工会网上舆论阵地。做强工会主流媒体，推进工会媒体深度融合，打造以工人日报、中工网、《中国工运》、《中国工人》为龙头的工会媒体集群，做大做强工会传媒旗舰，建强各级工会融媒体中心，构建网上网下一体，以新技术为支撑、“工”字特色内容建设为根本、新型运行管理模式为保障的报网端微刊全媒体传播体系。多措并举提升工会新闻发布水平，增强工会新闻发布触达率和实效性。做强叫响网评专栏，建设一支政治素质过硬、敏锐性高、责任心强、业务本领好的工会网评队伍。健全网络舆情应急处置制度，提高网络舆情信息监测的针对性、时效性，增强应急处置能力。推进职工网络素养提升主题活动，深入开展“网聚职工正能量　争做中国好网民”主题活动。参与举办国家网络安全宣传周。强化各级工会网站内容建设、功能建设、制度建设，完善网站信息发布和内容更新保障机制，做优工会知识服务平台，推动工会网站数据共享交换。

九、深化工会和职工对外交流交往合作，为推动构建人类命运共同体作贡献

31. 拓展工会和职工国际交流交往合作的深度和广度。坚持独立自主、互相尊重、求同存异、加强合作、增进友谊的工会外事工作方针，发挥民间外交优势，服务国家总体外交。广泛开展与周边国家、广大发展中国家工会组织和职工的友好交流。积极参与二十国集团劳动会议、金砖国家工会论坛、亚欧劳工论坛等多边机制，推动建设更加公正合理的全球治理体系。积极开展对欧工作，继续举办中德工会论坛，探索开展中欧工会绿色经济、数字经济对话交流活动，助力中欧绿色和数字领域伙伴关系发展。加强与重点国家工会的对话交流和高层交往，开展与美国等西方国家工会的对话交流。积极服务“一带一路”建设，搭建中资企业与有关国家工会组织的交流沟通平台，开展与“一带一路”沿线国家工会组织和职工的交流交往活动，加强职工技能国际交流。继续推进“一带一路”沿线国家工会干部来华进修汉语项目和“一带一路”职工人文交流项目。积极参加国际劳工组织理事会选举，参与国际劳工大会、理事会及有关会议和工作机制，深化与国际劳工组织有关的南南合作项目，加强对国际劳工公约、重要投资和贸易协定中的劳工条款等问题的研究，在劳工领域维护我主权、安全和发展利益。继续开展力所能及的对外援助。创新外事工作方式方法，实行线上交流与面对面交流相结合，提升工会和职工对外交流交往效率。加强工会外宣工作，面向国际劳工界广泛宣传习近平新时代中国特色社会主义思想，宣传中国式民主，讲好中国故事、讲好中国自由民主人权故事、讲好中国工人阶级故事、讲好中国工会故事。

32. 加强与港澳台工会组织和劳动界交流合作。加强同港澳台工会、劳工团体组织的沟通联系，支持港澳爱国工会力量，支持坚持一个中国原则和“九二共识”的台湾工会团体力量，做好港澳工会青年研讨营、港澳工会“五一”代表团、海峡职工论坛、台湾工会青年研讨营等品牌交流活动。联合协作开展职工职业技能竞赛，组织开展文化、体育交流活动，指导各地工会开展与港澳台工会交流合作项目。推动在内地工作港澳职工和台湾同胞享受同等工会服务，探索在内地（大陆）工作的港澳台职工纳入劳模等称号评选范围，引导港澳台职工融入祖国发展，投身粤港澳大湾区建设。着力开展爱国主义教育、国情国策宣讲，提高港澳职工爱国精神和国家意识。加强粤港澳三地工会协调合作，围绕粤港澳大湾区建立职工服务体系，支持港澳工会依法开展内地服务工作，构建粤港澳大湾区工会工作新格局。

十、深化工会改革创新，推动新时代工会工作高质量发展

33. 系统谋划推进工会改革。把增强政治性、先进性、群众性贯穿工会改革全过程，提出深化工会改革的总体思路、重点任务、具体举措、方法路径，明确改革的任务书、时间表、路线图、责任链，对改革任务、责任、进展、薄弱环节等进行盘点、跟踪问效。坚持问题导向、目标导向，对着问题去、盯着问题改，提出更多具有创新性引领性改革举措。支持基层工会组织开展差别化改革创新，切实增强团结教育、维护权益、服务职工功能。

34. 健全工会工作制度机制。系统总结党的十八大以来特别是中央党的群团工作会议以来工会改革的成绩和经验，做好工会改革总结评估，探索新时代工会工作的发展特点和规律，坚持和完善自觉接受党的领导制度，不断巩固党执政的阶级基础和群众基础；坚持和完善发挥工人阶级主力军作用制度，推动健全保障职工主人翁地位的各项制度安排；坚持和完善强化职工思想政治引领制度，加强和改进职工思想政治工作制度、职工文化建设制度；坚持和完善推进产业工人队伍建设改革制度，造就一支宏大的高素质的产业工人大军；坚持和完善维权服务制度，完善维护职工合法权益的制度，构建服务职工工作体系；坚持和完善劳动关系协调机制，推动完善社会治理体系；坚持和完善深化工会改革创新制度,密切联系职工群众;坚持和完善加强工会系统党的建设制度,努力提高工会系统党的建设的质量。做实全总深化工会改革领导小组工作机制,建立年度全国工会改革会议制度,搭建全国工会改革经验做法交流平台,对创新做法进行年度评比激励。健全完善改革评估长效机制,开展年度改革总结和评估工作,加强对制度执行的组织领导和监督检查,推动工会各项工作制度化、科学化、规范化。

35. 激发基层工会活力。树立落实到基层、落实靠基层理念,坚持把改革向基层延伸,把力量和资源充实到基层一线,使基层工会组织建起来、转起来、活起来。树立依靠会员办会理念,完善基层工会会务公开制度机制,保障会员的知情权、参与权、表达权、监督权。坚持不懈推进基层工会会员代表大会制度和民主选举制度落实落地,落实会员代表常任制,选优配强基层工会领导班子。到 2025 年底普遍实现基层工会按期换届选举,建设一支政治素质好、业务能力强,知职工、懂职工、爱职工的基层工会干部队伍。加强工会小组建设,选好工会小组长,不断壮大工会积极分子队伍。探索建立工会领导机关干部联系基层工会的工作机制,加强对下级工会的指导服务,积极协调解决基层工会面临的实际困难和问题。建立健全激励和保障机制,提升基层工会干部履职能力,让他们在政治上有地位、经济上有获得、履职上有保障、职业上有发展,不断增强工作积极性和职业荣誉感。推动实行非公有制企业兼职工会干部履职补贴制度。健全完善会员代表大会评议职工之家制度,深入开展会员评家工作,到 2025 年底实现基层工会普遍开展会员评家,以评家促进建家。加强对社会化工会工作者、专职集体协商指导员等的统筹管理,在薪酬福利、绩效奖惩、教育培训、职业发展等方面提供规范化指导，加强社会工作岗位开发设置。进一步加强工会社会工作专业人才队伍建设，不断提升服务职工群众的能力水平，壮大基层工会力量，力争到“十四五”末，全国社会化工会工作者总数稳定在 4.5 万人左右。

36. 改进完善工会组织体系。创新组织形式，理顺组织体制，构建纵横交织、覆盖广泛的工会组织体系。坚持以党建带工建为引领，完善党委领导、政府支持、工会主导、社会力量参与的建会入会工作格局，着力扩大工会组织覆盖面，实现组建工会和发展会员工作持续稳步发展。力争到“十四五”末，全国新组建基层工会组织 60 万个以上，新发展会员 4000 万人以上。在巩固传统领域建会入会基础上，重点加强“三新”领域工会组织建设，不断拓展建会入会新的增长点。以 25 人以上非公有制企业为重点，因地制宜、因行业制宜开展建会集中行动，推进规模较大的非公有制企业和社会组织依法规范建立工会组织。切实加强区域性、行业性工会联合会建设，健全乡镇（街道）—村（社区）—企业“小三级”工会组织体系，不断扩大对小微企业的有效覆盖。持续深化“八大群体”入会工作，聚焦货车司机、网约车司机、快递员、外卖配送员等重点群体，开展新就业形态劳动者入会集中行动，推动重点行业头部企业建立和完善工会组织。制定出台新就业形态劳动者入会相关意见，创新方式、优化程序，推行网上申请入会、集中入会仪式等做法，着力破解建会入会难题，最大限度地把农民工、灵活就业、新就业形态劳动者组织到工会中来。修订组建工会和发展会员考核奖励办法，完善考核通报等制度机制。联合国务院国资委制定加强和改进中央企业工会组织建设的指导意见,依法纠正国有企业在改革改制中随意撤并工会组织和工作机构、弱化工会组织地位作用问题。依法依规逐步调整和理顺产业工会与地方工会,与中央企业、企业集团及所属企业工会关系,与机关所属企事业单位工会的关系,进一步畅通体系、扩面提质。

37. 充分发挥产业工会作用。定期召开产业工会工作会议,及时研究解决产业工会工作中的重大问题。进一步明确全国产业工会、省级产业工会、城市产业工会、县级产业(行业)工会职责定位和工作重点。发挥产业工会全委会联合制、代表制组织制度优势,调整和优化产业工会委员单位组成,适当扩大非公有制企业、社会组织委员名额比例,增强代表性。到 2025 年底,各产业工会全国委员会委员和常务委员会成员中劳模和一线职工代表比例达到 10% 以上。完善与有关政府部门、行业协会的联席会议制度,产业协调劳动关系三方机制,探索创新产业工会行业联委会工作模式,发挥产业工会系统中的人大代表和政协工会界委员作用,支持产业工会参与产业、行业政策以及涉及产业职工切身利益的法规政策制定,及时发布具有行业指导意义的参考标准,开展国家重点工程和重大项目劳动竞赛、职工技能竞赛、培育大国工匠、职业技术培训、中心城市及县(区)范围内的行业集体协商等具有产(行)业特色的工作,更好发挥产业工会作用。建立健全产业工会工作评价体系和激励机制,加大对产业工会机构建设、经费投入、资源保障、活动开展等方面的支持力度,为产业工会发挥更大作用提供有利条件。

38. 深化财务管理改革。健全完善管理体制、经费收缴、预(决)算管理、财务监督与绩效管理等财务管理制度体系,建立财务管理公告制度。开发建设全总与省级工会贯通的工会经费收缴管理信息系统,及时准确掌握各级工会经费收缴情况。逐步扩大在京中央企业工会与全总建立财务关系的覆盖面,到2025年底基本实现全覆盖。积极推进工会经费收入电子票据改革试点。启动工会经费收缴改革,到2025年底基本形成权责清晰、财力协调、区域均衡的工会经费分配关系。深化工会全面预算管理,加强预算定额标准体系建设,逐步厘清全总本级和省级工会的事权和支出责任,稳步推进预算分配改革,建立完善转移支付制度,积极探索基层工会组织经费直达机制,出台促进基层工会留成经费足额到位的指导意见,推动解决县级以下特别是基层工会经费不足的突出问题。全面实施预算绩效管理,到2025年底基本实现县级以上工会预算绩效管理全覆盖。建立普惠职工的经费保障机制,将更多的工会经费用于直接服务职工群众。加强经济活动内部控制,强化财务监督检查,定期开展重大经济政策落实情况和重大项目预算执行情况专项监督。稳步推进工会财务信息公开。

39. 加强工会经费审查审计监督。按照工会一切经济活动都要纳入经审监督范围的总体要求,到2025年底形成以国家审计为指导、以工会经审组织为主体、以社会审计为补充、以职工会员监督为基础的工会常态化经审监督体系,不断拓展工会审查审计监督的广度和深度。逐步完善工会经审制度体系和工作机制,到2025年底形成覆盖主要审计类型的实务指南体系。加强审计项目和审计组织方式“两统筹”,实现工会经费审查监督、政策跟踪审计、预算执行审计、财务收支审计、经济责任审计、专项审计调查等统筹融合。深化预决算审查工作,审查监督重点向支出预算和政策执行拓展，建立经审会向同级工会党组织提交审计工作报告制度，完善以审计为基础的预决算审查机制。转变审计理念思路，把助力政策落实摆在突出位置，对政策落实情况进行全过程、全链条监督，推动工会重大决策部署落地见效。完善审计结果运用，做好审计整改“后半篇文章”，发挥工会经审组织的“审、帮、促”作用。加快推进工会经审工作信息化建设，构建全国工会经审工作平台，积极推广计算机审计、大数据审计等先进审计技术方法，开展“总体分析、发现疑点、分散核实、系统研究”的数字化审计，提高运用信息化技术查核问题、评价判断和分析问题能力。培养造就高素质专业化工会经审干部队伍，到2025年底，将全国工会专兼职经审干部轮训一遍。

40. 提高工会资产管理效能。积极推动职工文化教育事业、职工疗休养事业、职工互助保障事业纳入国家公共文化、卫生、保障服务体系，强化工会资产服务职工、服务基层功能。加强工会资产制度建设，积极探索工会资产制度的实现形式，到2025年底形成较为完善的工会资产制度体系。实施工会企事业经营业绩考核工作专项行动，到2025年底实现各级工会对本级工会企事业单位经营业绩考核全覆盖。深化工会资产体制机制改革创新，落实“统一所有、分级监管、单位使用”的工会资产监督管理体制，加强工会资产基础管理。建立健全工会资产统计制度、报告制度，加大工会资产产权登记工作力度，到2025年底工会资产不动产产权登记率逐步提高。加强工会资产管理信息化建设。积极稳妥推进工会事业单位改革工作，依法依规做好工人文化宫、工人疗休养院等工会资产阵地保护工作。

“十四五”时期工会“组织建设”指标	
具体指标	发展目标
1. 新发展工会会员数	到“十四五”末，全国新发展会员 4000 万人以上。
2. 新组建基层工会组织数	到“十四五”末，全国新组建基层工会组织 60 万个以上。
3. 社会化工会工作者数	到“十四五”末，全国社会化工会工作者总数稳定在 4.5 万人左右。
4. 产业工会组织建设	到 2025 年底，各产业工会全国委员会委员和常务委员会成员中劳模和一线职工代表比例达到 10% 以上。

十一、坚持以党的政治建设为统领，提高工会工作能力和水平

41. 全面加强工会系统党的建设。把学习贯彻习近平新时代中国特色社会主义思想作为重大政治任务，切实用以武装头脑、指导实践、推动工作。坚持以党的政治建设为统领，牢固树立政治机关意识，推进模范机关建设，严格执行重大事项请示报告制度，确保习近平总书记重要指示批示精神和党中央重大决策部署在工会系统有效落实落地。健全完善理论武装长效机制，综合运用党组理论学习中心组学习、工会干部教育培训、党校和工会院校学习、网络学习培训等平台和载体，探索构建理论学习培训制度体系和成果评价体系。扎实开展党史学习教育、理想信念教育和中国工运史教育，巩固深化“不忘初心、牢记使命”主题教育成果。加强工会系统基层党组织建设，做好发展党员和党员教育管理工作。坚持党建带工建，积极探索“互联网 + 党建”工作模式，构建党建和工会业务工作深度融合的长效机制，全面强化基层党

组织的政治功能和组织力。坚持全面从严治党，推动各级工会领导干部认真落实全面从严治党的主体责任、管党治党的政治责任。突出抓好政治监督，健全内部巡视制度机制，用好“四种形态”，持之以恒正风肃纪反腐。锲而不舍落实中央八项规定及其实施细则精神，全面检视、靶向纠治“四风”，坚决防止反弹回潮。落实为基层减负各项规定，建立健全联系服务职工长效机制。

42. 深化工会干部队伍建设。坚持把好干部标准贯穿各级工会干部选育管用全过程，建设忠诚干净担当的高素质专业化工会干部队伍。坚持党管干部原则，突出政治标准，严把政治关、能力关、廉洁关，建立健全崇尚实干、带动担当、加油鼓劲的正向激励体系。优化工会领导机关领导班子配备，增强整体功能。发现培养选拔优秀年轻干部，加强对处级以下年轻干部的教育管理监督，拓宽来源渠道，加大年轻干部轮岗交流力度，做好挂职援派工作。完善优秀年轻干部人选库。加大工会干部管理监督力度，健全干部考核评价机制，推进工会干部监督制度化规范化建设，逐步形成适应工会机关实际的干部监督制度体系。按照有关规定做好工会干部双重管理工作。深化工会干部教育培训，2024 年召开全国工会干部教育培训工作会议，研究制定全国工会干部教育培训五年规划，编写学习贯彻习近平总书记关于工人阶级和工会工作的重要论述教材、中国工运史教材，建强用好全国工会干部教育培训网。

43. 不断拓宽工会理论研究新路子。坚持把开展工会理论研究和调查研究作为重大任务，列入各级工会领导机关重要议事日程，构建上下结合、内外协作、整体推进的全方位研究格局。突出把深入学习和研究阐释习近平总书记关于工人阶级和工会工作的重要论述作为首要任务，每年举办学习习近平总书记关于工人阶级和工会工作的重要论述理论研讨会。加快构建中国特色工会学理论体系和工会干部培训教学体系，推进工会与劳动关系领域学科建设。加强工会研究阵地和智库建设，加强工会研究队伍建设，推出一批有深度、有价值、有分量的研究成果。县级以上工会领导机关要加强中长期工会理论研究与建设规划，每年制定年度研究计划，对本级工会理论研究和调查研究工作进行统筹安排。加大理论研究成果交流推广力度，推进应用转化，推动形成工作性意见、转化为政策制度、上升为法律法规。

十二、加强规划落实的组织保障

44. 加强组织领导。各级工会要把落实规划摆上重要工作位置、列入重要工作日程，坚持主要领导亲自抓、负总责，加强统筹协调，落实责任分工，及时研究解决规划实施中的重大问题。要把推进规划落实情况纳入对工会领导班子和领导干部的考核体系，抓好过程管理和目标考核，层层传导压力，逐级压实责任。各级工会要按照规划统一部署，结合当地实际制定实施方案，逐条逐项细化举措，明确落实规划的时间表、路线图和任务书，坚决避免“有部署、无落实”现象。坚持系统观念，注重传承创新，认真对照规划目标任务，对接已经出台的专项工作规划、结合已经部署的各项改革任务统筹抓好规划落实。

45. 加强支撑保障。各级工会要围绕规划确定的目标任务，建立健全规划落实的支撑保障机制，合理调配工作力量，建立多元化投入保障体系，加强预算保障，把更多资源力量用到重要领域、重点任务和关键环节。各地工会要积极主动作为，加强调研检查，推动规划落实纳入当地经济和社会发展总体规划落实的

"大盘子",努力实现一体部署、一体推进、一体检查。要依托工会系统研究平台阵地,发挥系统内外专家智库作用,围绕规划落实中的重大问题开展调查研究,为落实规划提供理论支撑和专业支持。

46. 加强总结推广。要建立规划落实情况的督促检查和工作通报制度,适时对目标任务完成情况开展调研检查,对工作进展情况、典型做法经验等进行通报,鼓励先进、鞭策后进。根据形势变化和工作要求,定期评估工作进展成效,做到一年一评估,以钉钉子精神一抓到底、抓出成效,增强规划落实的系统性和实效性。加强对规划的阐释解读,将规划作为工会干部教育培训的重要内容,引导广大工会干部全面准确理解规划、自觉推动落实规划。发挥工会系统媒体阵地作用,积极回应与规划有关的社会关切,结合调研督导、送教到基层等,以职工群众喜闻乐见、易于接受的形式,做好规划内容的宣传宣讲,凝聚广泛共识,争取各方支持,营造良好氛围。

工会劳动法律监督办法

(2021 年 3 月 31 日中华全国总工会办公厅印发
总工办发〔2021〕9 号)

第一章　总　　则

第一条　为保障和规范工会劳动法律监督工作,维护职工合法权益,推动构建和谐劳动关系,根据《中华人民共和国宪法》和

《中华人民共和国工会法》、《中华人民共和国劳动法》及《中国工会章程》等有关规定,制定本办法。

第二条 工会劳动法律监督,是工会依法对劳动法律法规执行情况进行的有组织的群众监督,是我国劳动法律监督体系的重要组成部分。

第三条 工会劳动法律监督工作应当遵循依法规范、客观公正、依靠职工、协调配合的原则。

第四条 全国总工会负责全国的工会劳动法律监督工作。

县级以上地方总工会负责本行政区域内的工会劳动法律监督工作。

乡镇(街道)工会、开发区(工业园区)工会、区域性、行业性工会联合会等负责本区域或本行业的工会劳动法律监督工作。

用人单位工会负责本单位的工会劳动法律监督工作。

第五条 上级工会应当加强对下级工会劳动法律监督工作的指导和督促检查。

涉及工会劳动法律监督的重大事项,下级工会应当及时向上级工会报告,上级工会应当及时给予指导帮助。对上级工会交办的劳动法律监督事项,下级工会应当及时办理并报告。

第六条 工会应当积极配合有关部门,对政府部门贯彻实施劳动法律法规的情况进行监督。

第七条 有关劳动安全卫生、社会保险等各类专业监督检查,已有相关规定的,按规定执行。

第二章 监督职责

第八条 工会开展劳动法律监督,依法享有下列权利:

（一）监督用人单位遵守劳动法律法规的情况；

（二）参与调查处理；

（三）提出意见要求依法改正；

（四）提请政府有关主管部门依法处理；

（五）支持和帮助职工依法行使劳动法律监督权利；

（六）法律法规规定的其他劳动法律监督权利。

第九条　工会对用人单位的下列情况实施监督：

（一）执行国家有关就业规定的情况；

（二）执行国家有关订立、履行、变更、解除劳动合同规定的情况；

（三）开展集体协商，签订和履行集体合同的情况；

（四）执行国家有关工作时间、休息、休假规定的情况；

（五）执行国家有关工资报酬规定的情况；

（六）执行国家有关各项劳动安全卫生及伤亡事故和职业病处理规定的情况；

（七）执行国家有关女职工和未成年工特殊保护规定的情况；

（八）执行国家有关职业培训和职业技能考核规定的情况；

（九）执行国家有关职工保险、福利待遇规定的情况；

（十）制定内部劳动规章制度的情况；

（十一）法律法规规定的其他劳动法律监督事项。

第十条　工会重点监督用人单位恶意欠薪、违法超时加班、违法裁员、未缴纳或未足额缴纳社会保险费、侮辱体罚、强迫劳动、就业歧视、使用童工、损害职工健康等问题。对发现的有关问题线索，应当调查核实，督促整改，并及时向上级工会报告；对职工申请仲裁、提起诉讼的，工会应当依法给予支持和帮助。

第十一条 工会应当加强法治宣传,引导用人单位依法用工,教育职工依法理性表达合理诉求。

第十二条 工会建立隐患排查、风险研判和预警发布等制度机制,加强劳动关系矛盾预防预警、信息报送和多方沟通协商,把劳动关系矛盾风险隐患化解在基层、消除在萌芽状态。

第十三条 县级以上工会经同级人大、政协同意,可以参加其组织的劳动法律法规执法检查、视察。

第三章 监督组织

第十四条 县级以上总工会设立工会劳动法律监督委员会,在同级工会领导下开展工会劳动法律监督工作。工会劳动法律监督委员会的日常工作由工会有关部门负责。

基层工会或职工代表大会设立劳动法律监督委员会或监督小组。工会劳动法律监督委员会受同级工会委员会领导。职工代表大会设立的劳动法律监督委员会对职工代表大会负责。

工会劳动法律监督委员会任期与本级工会任期相同。

第十五条 县级以上工会劳动法律监督委员会委员由相关业务部门的人员组成,也可以聘请社会有关人士参加。

基层工会劳动法律监督委员会委员或监督小组成员从工会工作者和职工群众中推选产生。

第十六条 工会劳动法律监督委员会可以聘任若干劳动法律监督员。工会劳动法律监督委员会成员同时为本级工会劳动法律监督员。

第十七条 工会劳动法律监督员应当具备以下条件:

(一)具有较高的政治觉悟,热爱工会工作;

（二）熟悉劳动法律法规，具备履职能力；

（三）公道正派，热心为职工群众说话办事；

（四）奉公守法，清正廉洁。

第十八条　工会劳动法律监督员实行先培训合格、后持证上岗制度。工会劳动法律监督员由县级以上总工会负责培训，对考核合格的，颁发《工会劳动法律监督员证书》。证书样式由中华全国总工会统一制定。

第十九条　各级工会应当建立有关制度和信息档案，对工会劳动法律监督员进行实名制管理，具体工作由工会有关部门负责。

第二十条　工会可以聘请人大代表、政协委员、专家学者、社会人士等作为本级工会劳动法律监督委员会顾问，也可以通过聘请律师、购买服务等方式为工会劳动法律监督委员会提供法律服务。

第四章　监督实施

第二十一条　基层工会对本单位遵守劳动法律法规的情况实行监督，对劳动过程中发生的违反劳动法律法规的问题，应当及时向生产管理人员提出改进意见；对于严重损害劳动者合法权益的行为，基层工会在向单位行政提出意见的同时，可以向上级工会和当地政府有关主管部门报告，提出查处建议。

第二十二条　职工代表大会设立的劳动法律监督委员会，对本单位执行劳动法律法规的情况进行监督检查，定期向职工代表大会报告工作，针对存在的问题提出意见或议案，经职工代表大会作出决议，督促行政方面执行。

第二十三条 工会建立健全劳动法律监督投诉制度,对实名投诉人个人信息应当予以保密。

第二十四条 上级工会收到对用人单位违反劳动法律法规行为投诉的,应当及时转交所在用人单位工会受理,所在用人单位工会应当开展调查,于三十个工作日内将结果反馈职工与上级工会。对不属于监督范围或者已经由行政机关、仲裁机构、人民法院受理的投诉事项,所在用人单位工会应当告知实名投诉人。

用人单位工会开展劳动法律监督工作有困难的,上级工会应当及时给予指导帮助。

第二十五条 工会在处理投诉或者日常监督工作中发现用人单位存在违反劳动法律法规、侵害职工合法权益行为的,可以进行现场调查,向有关人员了解情况,查阅、复制有关资料,核查事实。

第二十六条 工会劳动法律监督员对用人单位进行调查时,应当不少于 2 人,必要时上级工会可以派员参与调查。

工会劳动法律监督员执行任务时,应当将调查情况在现场如实记录,经用人单位核阅后,由调查人员和用人单位的有关人员共同签名或盖章。用人单位拒绝签名或盖章的,应当在记录上注明。

工会劳动法律监督员调查中应当尊重和保护个人信息,保守用人单位商业秘密。

第二十七条 工会主动监督中发现违反劳动法律法规、侵害职工合法权益行为的,应当及时代表职工与用人单位协商,要求整改。对于职工的投诉事项,经调查认为用人单位不存在违反劳动法律法规、侵害职工合法权益行为的,应当向职工说明;认为用人单位存在违反劳动法律法规、侵害职工合法权益行为的，应当代表职工协商解决。

第二十八条　工会对用人单位违反劳动法律法规、侵害职工合法权益的行为，经协商沟通解决不成或要求整改无效的，向上一级工会报告，由本级或者上一级工会根据实际情况向用人单位发出工会劳动法律监督书面意见。

用人单位收到工会劳动法律监督书面意见后，未在规定期限内答复，或者无正当理由拒不改正的，基层工会可以提请地方工会向同级人民政府有关主管部门发出书面建议，并移交相关材料。

第五章　监督保障

第二十九条　工会开展劳动法律监督活动所需经费纳入本级工会预算。

第三十条　地方工会可以结合实际，建立非公有制企业工会劳动法律监督员配套补助制度。

第三十一条　各级工会应当为工会劳动法律监督员履职创造必要条件。工会劳动法律监督员因依法履职受到打击报复的，有权向本级或上级工会反映，上级工会应当及时给予支持和帮助，依法维护其合法权益。

第六章　附　　则

第三十二条　本办法由中华全国总工会负责解释。

第三十三条　本办法自印发之日起施行。1995 年 8 月 17 日中华全国总工会印发的《工会劳动法律监督试行办法》同时废止。